WIDMUNG

Dieses Buch ist allen Menschen mit (scheinbar) unüberwindbaren Hürden gewidmet.
Möge es Ihnen Mut machen, damit Sie Ihre persönliche Veränderung auf den Weg bringen können, um glücklich(er) und gesund zu leben. Trauen Sie sich – es könnte sich lohnen.

EMPFEHLUNG

Dieses Buch entstand mit der freundlichen Unterstützung des AutorenClubs. Marion Glück empfiehlt die Mitgliedschaft im Autoren Club des Marian Prill Verlags.

INHALT

Danksagung

Vorwort 9

Blitzschmerz in der Bauchgegend 11

Was ist schon normal? 15

Stumpf ist Trumpf 23

Schlaflos in Bad Pyrmont 31

Das Rote Schloss am Meer 35

Don't expect mangos from a banana tree 45

Ich bin dann auch mal weg 55

Nur für schräge Vögel 61

Ausstellungen – Nicht nur im Museum 69

Bis zur Hölle und zurück 79

Eine Seefahrt, die ist lustig 89

Kaktus mit Blüte 97

Y-Tours – Wir buchen, Sie fluchen 105

Klein Mü 111

Kindheitserinnerungen 117

Aktiv, attraktiv, anders 121

„Leiden Sie leise" – Der Weg in die Krise 125

Streitkraft 131

Abgrenzung 137

Der Wehrbeauftragte und ich 141

Me, myself and I 143

Arbeitsleben 147

Kann ich mir selbst vertrauen? 151

Therapieziel erreicht 157

Über die Autorin 161

DANKSAGUNG

Mein besonderer Dank gilt allen Beteiligten an diesem Buch: meiner Familie, meinen Freunden, meinen Kolleginnen und Kollegen, meinen Mentorinnen und Mentoren und letztendlich auch meinen Lehrmeisterinnen und Lehrmeistern.

VORWORT

Als ich vor einiger Zeit morgens in der U-Bahn saß und mich auf dem Weg in mein Büro auf den neuen Tag freute, blickte ich in viele versteinerte und lustlose Gesichter. Um mich herum saßen unmotivierte Menschen, vermutlich waren die meisten von ihnen ebenfalls auf dem Weg zur Arbeit. Ich erinnere mich noch genau an diese Fahrt, weil ich an einer Werbetafel eine Botschaft entdeckte, die mich zum Schmunzeln brachte. Ein Lottoschein war da zu sehen, darüber in knallroten Buchstaben der verlockende Spruch: „Sie können ja trotzdem weiterarbeiten. Nur so zum Spaß."

Ich überlegte mir, was ich tun würde, wenn plötzlich eine Million Euro mehr auf meinem Konto verfügbar wären. Und keine Sekunde später wusste ich es genau: Nichts anderes als das, was ich seit Monaten jeden Tag tat. Denn mittlerweile ist mein Name Programm geworden. Ich heiße Marion Glück. Glück ist kein Künstlername. Lange habe ich nach meinem Glück gesucht, und es grenzt für mich an ein Wunder, dass ich heute eine ausgesprochen glückliche Frau bin. Das war nicht immer so. Noch vor einigen Jahren stand ich bedenklich nah am Abgrund. Mein Leben und meine Gesundheit hingen an einem seidenen Faden. Viel hätte nicht gefehlt und der Faden wäre gerissen.

In einem früheren Leben war ich Marineoffizierin und wurde für den Kampf ausgebildet. Was im Grunde ironisch war, denn ich führte bereits einen unerbittlichen Kampf. Hauptsächlich jedoch gegen mich selbst, ohne zu wissen, dass ich zu meiner eigenen Zielscheibe geworden war. Ich ignorierte, was mich krank machte, weil ich vor allem mir und allen anderen beweisen wollte, dass ich gut in dem war, was ich tat. Um es als Soldatin in einer Männerdomäne bis an die Spitze zu schaffen, ließ ich ganz schön Federn. Als ich endlich an diesen Punkt gelangte, stellte ich jedoch fest, dass mein eigentliches Ziel ein unerreichbares war: Ich hatte nicht nur den Anspruch, perfekt zu sein, sondern sogar das Gefühl, um jeden Preis perfekt sein zu müssen. Alles brachte ich zu Ende, kostete es, was es wolle. Ich musste perfekt sein hier, ich musste perfekt sein da. Für mich hieß es immer nur: „Ich muss, ich muss, ich muss."

Die Wahrheit aber ist eine andere: Ich muss gar nichts. Ich kann frei wählen, ob ich etwas möchte. Ich kann die Entscheidung treffen, etwas zu wollen. Doch der Versuch, perfekt zu sein, ist gestrichen. Wer also ein perfektes Buch erwartet, könnte möglicherweise enttäuscht werden.

Ich schreibe dieses Buch für Menschen, denen es heute so geht, wie es mir einst ging, und die dringend nach einer Lösung suchen. Ich selbst habe einen Ausweg gefunden, indem ich eine Therapie gemacht habe. Somit bin ich der lebende Beweis dafür, dass es auch in scheinbar aussichtslosen Lagen doch noch irgendwo einen Ausweg geben kann.

Ich habe literweise Tränen vergossen, bis es mir gelungen ist, mich von unsinnigen Überzeugungen, Glaubenskonstrukten und Falschannahmen zu befreien. Mit externer Hilfe habe ich einen neuen Weg eingeschlagen, der mir heute ein Dauerlächeln auf die Lippen zaubert. Meine Erlebnisse schickten mich jahrelang durch ein tiefes Tal, aber dennoch führten sie letztendlich auch zu etwas Gutem. Die Reise dorthin habe ich so unterhaltsam verpackt, wie es mir möglich war. Alles, was Sie hier lesen, habe ich persönlich erlebt, es ist weder verfälscht noch übertrieben. Die Wahrnehmung der anderen Beteiligten kann durchaus abweichen.

Ich wünsche mir, dass Sie bei der Lektüre dieses Buchs Impulse erhalten, Ihre Gefühle wahrzunehmen, Ihre Situation zu bewerten und Ihre Gedanken möglicherweise so zu verändern, dass die Sonne wieder (oder weiterhin) in Ihrem Leben für Sie scheint.

Wenn Ihnen mein Buch zusagt, freue ich mich über eine positive Rezension und Ihre Weiterempfehlung.

Herzlichst

Ihre Marion Glück

BLITZSCHMERZ IN DER BAUCHGEGEND

„Sie fahren nicht zur Kur", sagte die Bundeswehrärztin zu mir. „Sie fahren in eine psychosomatische Klinik." Das war zu viel Ehrlichkeit für mich. Mit einem Heulkrampf brach ich zusammen. Bis zu diesem Zeitpunkt hatten meine Ärztin, die mich über Monate begleitete, und ich immer von der „Kur" gesprochen. Die neue Ärztin kannte mich und meine Krankenakte hingegen noch nicht. Ihr fehlte es dementsprechend an Feingefühl.

Die Vorboten für meinen Zusammenbruch hatten sich schon lange zuvor angekündigt. Ich unterhielt mich mit einem Freund, der auch gleichzeitig ein Kamerad bei der Bundeswehr war, als ich plötzlich starke, stechende Schmerzen im Unterbauch verspürte.

„Meinst du, das ist der Blinddarm?", fragte ich ihn. „Couchdiagnosen enden meist nicht gut", sagte er und empfahl mir, damit zeitnah zum Arzt zu gehen. „So sehr tut es nun auch nicht weh. Es könnte schlimmer sein", entgegnete ich und spielte die Schmerzen herunter. Und überhaupt: ‚Vielleicht handelt es sich ja auch nur um diesen Periodenschmerz', dachte ich. ‚Frauenproblem. Ja, genau, das wird es wohl sein.'
An vermeintlich logischen Erklärungen mangelte es mir nicht, vor allem nicht, wenn ich mich selbst beruhigen wollte. Ernsthafte Themen fielen von selbst unter den Tisch oder wurden sorgfältig unter den Teppich gekehrt. Schlafprobleme, Essstörung, Albträume, Tinnitus, Zahnschmerzen, Appetitlosigkeit, Panikattacken. Ich redete alles klein, was mir widerfuhr. Darin war ich mit der Zeit ein wahrer Profi geworden. Unangenehme Themen verpackte ich und brachte sie dort unter, wo ich sie nicht mehr sehen konnte: weit, weit weg. Und ruck, zuck war wieder alles in Ordnung.

Doch an jenem letzten Wochenende im August 2014 war es anders. Ich schaute an meinem Freund vorbei durch das große Fenster meines Erkers und sah die Kühe auf der Wiese weiden. Während die Sonne vom Himmel lachte, verfinsterten sich meine Stimmung und meine Gedanken weiter. Ich spürte den aufziehenden Sturm in meinem Inneren, es blitzte und donnerte. Das emotionale Unwetter entlud sich. Denn die Spannungen der vergangenen Monate rieben mich gnadenlos auf.

Ich schrieb gerade meine erste Eingabe an den Wehrbeauftragten. Er ist der sogenannte „Anwalt der Soldaten“[1] und soll über die innere Führung wachen.
‚Das kann er natürlich nur, wenn er über Verstöße informiert wird‘, dachte ich mir und spitzte die Feder. Da wäre zum Beispiel der Militärpfarrer, ein Choleriker vor dem Herrn.
„Nur Sie allein sind dafür verantwortlich!“, hatte er mich am Telefon angeschrien. Sein Unterricht fiel aus und er suchte in mir die Schuldige, obwohl ich nichts dafürkonnte.[2] Ein anderes Mal schrie er in den Hörer, weil ich meinen mir unterstellten Soldaten gestattete, sich nach einem langen Marsch im Sanitätsbereich behandeln zu lassen, wenn sie sich überlastet und körperlich unwohl fühlten. Aus meiner Sicht hatte das Priorität. Doch der Militärpfarrer sah das anders. Deswegen schickte er seine Rechnung auch an mich persönlich. Angefallen waren Kleinstbeträge für Kaffee und Kekse beim lebenskundlichen Unterricht des Militärpfarrers. Im Nachhinein betrachtet erscheint es zum Lachen komisch. Doch für mich war es zum Heulen. Mit der Reaktion meines Chefs hatte ich ebenfalls nicht gerechnet.
„Dafür gibt es doch eine Diensthaftpflicht, die übernimmt die Kosten sicher. Sie haben doch eine, oder?“
„Wie bitte? Ich glaube aber mal nicht. Seit wann stellen Militärpfarrer den Soldaten Rechnungen?“
Ich fühlte mich doppelt abgestraft. Meine Nerven lagen blank und ich fragte mich, wo ich nur gelandet war. Inzwischen hatte ich zehn Jahre auf der Dienstuhr der Bundeswehr. Eine verdammt lange Zeit.
Die Dinge, die ich früher weggelächelt hatte, fielen immer schwerer ins Gewicht. Sie lasteten mir förmlich auf Leib und Seele.

Häufig waren es Banalitäten, die es eigentlich nicht wert gewesen wären, über sie zu sprechen. Und doch sorgten Befindlichkeiten und Centbeträge unvermeidlich für Gesprächsstoff. Die Diskussionen um nichts und wieder nichts nagten an mir. Sie nährten meinen Groll, und meine eigentliche Arbeit litt massiv darunter. Steter Tropfen höhlt den Stein. Es reichte. Den fälligen Arztbesuch verschob ich von einem Tag auf den nächsten. Doch dann, an einem Donnerstag um 7:00 Uhr, fand ich mich

---

[1] Alle Soldaten und Soldatinnen können sich zu jeder Zeit ohne Beachtung des Dienstweges mit ihren Sorgen und Nöten an den Wehrbeauftragten des Deutschen Bundestages wenden. Er steht außerhalb der militärischen Hierarchie und alle militärischen Dienststellen sind zur Zusammenarbeit aufgefordert.

[2] Sein Unterricht wurde im Schulbüro geplant, und wenn die Lehrgangszeit zu kurz war, dann wurde sein Unterricht ersatzlos gestrichen.

als Vierte in der Schlange im Sanitätsbereich wieder. Ich musste dringend mit einer Ärztin sprechen. In knappen Sätzen platzte es aus mir heraus: ein cholerischer Militärpfarrer, Aufforderung zur Beschwerdeunterdrückung, neuer Vorgesetzter, meine Meldungen über Missstände, die über den Dienstweg alle ins Leere liefen und ignoriert wurden. Ich wurde als Marineoffizier bezahlt, doch ich fühlte mich wie ein Alibioffizier, ein Papiertiger, ein Deko-Chef. Und dann noch dieser Arzt, der mich nicht untersucht hatte.

Ich erhielt eine Krankschreibung. Die Ärztin riet mir, etwas zur Ruhe zu kommen. Für einen Moment spürte ich die Entlastung. Ich trocknete meine Augen, bedankte mich und wollte ihrer Empfehlung Folge leisten. Als ich fast schon zur Tür raus war, fiel mir dann der eigentliche Grund meines Besuchs ein: „Können Sie sich bitte meinen Bauch ansehen?"

Ich hätte die Wände hochgehen können, als die Finger der Ärztin meinen Unterbauch berührten. Nie zuvor hatte ich solche Schmerzen empfunden: Ich schrie wie am Spieß und sah ihren panischen Blick. Betont ruhig forderte sie mich auf, das Labor des Bundeswehrkrankenhauses aufzusuchen. „Können Sie fahren?", fragte sie. Ich nickte vorsichtig. Ohne den Druck verringerte sich der Schmerz um ein Vielfaches und wurde wieder erträglich.

„Ein paar Kilometer mit dem Auto, das schaffe ich schon", versicherte ich ihr. Doch als ich die Notaufnahme im Bundeswehrkrankenhaus erreichte, krümmte ich mich unter Schmerzen bis in die Embryonalstellung.

„Sie haben einen entzündeten Blinddarm", erklärte der behandelnde Arzt. „Wir werden Sie sofort operieren."

Die Signale meines Körpers hatte ich seit Monaten ignoriert. Nun gab es diese Möglichkeit nicht mehr. Es schien so, als würde mein Körper nun alle Register ziehen, frei nach dem Motto: „Wenn du die Panikattacken, Schlaf- und Essstörungen nicht verstehst, dann bekommst du jetzt das große Programm."

Mir blieben drei Narben. Immerhin. Denn bisher war ich belächelt und von besagtem Arzt als Hypochonder abgestempelt worden, wenn ich mich mal überwunden hatte zu sagen, dass es mir nicht gut ging. Nun hatte ich den eindeutigen Beweis dafür, dass ich keine Simulantin war.

Beim Verbandswechsel meinte ein anderer Arzt am nächsten Tag aufmunternd zu mir: „Narben zieren die Kriegerin von vorne."

Für das Verschreiben der Schmerz- und Schlaftabletten bedankte ich mich herzlich bei ihm. „Dann kann ich vielleicht endlich mal wieder mehr als drei Stunden am Stück schlafen", sagte ich fröhlich. Auf ihn wirkte

diese Aussage offenbar verstörend und er sah mich zunächst irritiert an. Seine Miene verfinsterte sich von einer Sekunde auf die nächste. Streng und väterlich fragte er: „Hören Sie sich eigentlich selbst zu?“
Ja, klar ... oder doch nicht? Was meinte er damit? Obwohl er mich mit seiner Anmerkung überrascht hatte, verspürte ich keine Lust und hatte auch keine Kraft, nach einer Antwort zu suchen. Ich wollte einfach nur schlafen. Erst viel später drangen die Worte des Arztes wieder in mein Bewusstsein.

WAS IST SCHON NORMAL?

Nach meiner spontanen Blinddarm-OP schleppte ich mich weiterhin einige Monate zum Dienst, bis ich es nicht mehr aushielt.

Auf die Zeit in der Klinik für Psychosomatik bereitete ich mich gut vor. Ich beschäftigte mich so intensiv mit der Depressionsthematik, wie es mir möglich war. Dafür studierte ich die gesamte Webseite der Klinik und absolvierte Onlinetests, um anhand meiner Symptome selbst bewerten zu können, ob eine Depression vorlag. Schließlich gestand ich mir ein, dass ich tatsächlich krank war.

Am 5. März 2015 fuhr ich in die Klinik nach Bad Pyrmont mit dem Wunsch, meine Gedanken sortieren zu können, die Vergangenheit aufzuräumen, Abstand zu gewinnen, meine verfahrene Situation irgendwie zu verändern, mich auszuruhen und vollkommen gesund zurückzukommen. Ich war mir relativ sicher: In sechs Wochen ist alles wieder gut.

Meinen Klinikalltag habe ich anfangs detaillierter, später immer weniger dokumentiert. Mein Gemütszustand verbesserte sich während des Klinikaufenthaltes und meine Interessen verschoben sich – weg vom Computer und raus aus dem Zimmer. Ich wurde aktiver und es zog mich hin zu anderen Menschen. Mein Kliniktagebuch habe ich lediglich minimal verändert, um meine Eindrücke von damals darzustellen und dem Leser leichter zugänglich zu machen. Lesen Sie ab hier in Auszügen aus meinem Alltag in der Klinik.

--- Beginn der Aufzeichnungen ---

Heute Morgen bin ich kurz nach acht von zu Hause losgefahren. Trotz Navi habe ich mich mal wieder verfahren, weil ich alles ausblende und nicht mitbekomme, wenn das Navi mir sagt, dass ich irgendwo abbiegen soll. Am Empfang werde ich sehr freundlich und ruhig begrüßt. Dann werde ich von der Co-Therapeutin auf mein Zimmer begleitet. Ihr Lächeln ist offen und vertrauensvoll. Sie ist attraktiv, nett und hat blonde Haare.

Die Co-Therapeutin fragt, ob sie mir mit meinem Gepäck behilflich sein könne, aber das verneine ich gewohnheitsgemäß. Bisher habe ich mein Gepäck immer selbst getragen.

Sie sagt: „Ich bin der Spieß[3] Ihrer Therapeutin, kümmere mich um alle organisatorischen Sachen und bin für Sie da."

Von ihr erhalte ich diverse Pläne und Broschüren. Eine Broschüre nur für Entspannungstraining, eine für das Training sozialer Fertigkeiten und ein Therapietagebuch. Schließlich gibt sie mir einen Tagesplan. Morgen früh soll ich mich in der Teambesprechung vorstellen.

„Nur Ihren Namen und Ihren Wohnort – keinen Beruf, kein Alter, keinen Familienstand. Sie müssen wirklich nur sagen, wer Sie sind und wo Sie herkommen."

Ich darf schnell noch etwas zu Mittag essen, und dann bin ich auch schon bei der zuständigen Ärztin. Sie betrachtet meinen Gesundheitsbogen, damit sie einen Therapieplan erstellen kann. Es ist sehr anstrengend, weil das Telefon mehrmals klingelt und sie rangehen muss. Anschließend habe ich Zeit und räume mein Auto aus. Ich muss dreimal gehen, bis endlich alles auf meinem Zimmer ist. Danach packe ich meine Sachen in den Schrank. Viele Kleidungsstücke werde ich nur zum Sport anziehen und dann wegwerfen. Das ist bestimmt befreiend. Nach der Kur kann ich einfach neue Sachen kaufen, die dann nicht mehr mit Erinnerungen behaftet sind.

Um 17:00 Uhr holt mich mein Patienten-Pate ab. Er stellt sich vor und ich wiederhole seinen Namen laut. Kurze Zeit später habe ich seinen Namen wieder vergessen. Er soll mich mit meiner neuen Umgebung bekannt machen. Ich habe ein wenig Angst davor, jemanden von hier kennenzulernen. Hoffentlich stellt er keine Fragen, vor allem nicht zu meinem Beruf. Ich werde nur fragen, ob ihm die Therapie geholfen hat und er die Klinik empfehlen kann. Ansonsten will ich so schnell wie möglich wieder meine Ruhe haben. Er ist mir auf Anhieb sympathisch. Er fragt weder, warum ich hier bin, noch, was ich beruflich mache. Wir gehen zum Abendessen. Die Leute vom Team sitzen immer am selben Tisch. Das ist schon mal gut, denn ich bin ein Gewohnheitsmensch und sitze gerne am selben Platz. Ein anderer Patient setzt sich mir gegenüber. Er fragt, wer ich bin und wo ich

---

[3] In der Klinik wurden sehr viele Soldaten therapiert. Die Mitarbeiterin übersetzte ihre Position, sodass ich ihren Aufgabenbereich leicht einordnen konnte. „Spieß" ist die umgangssprachliche Bezeichnung für den Kompaniefeldwebel, der die Einheitsführer (= Chefs) bei administrativen Punkten unterstützt (z. B. Verpflegung, Unterkunft, Mitarbeiterführung). Umgangssprachlich wird er auch gerne die „Mutter der Kompanie" genannt, was vor allem seine nicht zu unterschätzende Rolle für das innere Gefüge der Einheit betont.

herkomme. Und ich erzähle es ihm. Mein Pate sagt lächelnd: „Er ist so neugierig und muss immer alles von jedem wissen."
Dann wendet er sich an den Fragesteller: „Jetzt lass sie doch erst mal ankommen und löchere sie nicht gleich mit Fragen."
Mein Gegenüber grinst kurz und beginnt seine abendliche Mahlzeit. Ich bin erleichtert. Zwischen meinem Paten und dem Mann mir gegenüber ergibt sich ein Gespräch. Mein Pate ist wohl auch Soldat.
Als ich um halb acht auf meinem Zimmer ankomme, bin ich sehr froh. Ich gucke noch ein wenig fern, trinke einen Beruhigungstee und nehme eine blaue Tablette, deren beruhigende Wirkung ich seit Wochen kenne.

Draußen ist es noch dunkel, doch ich bin hellwach. Ich habe Herzklopfen. Es ist 2:19 Uhr. Ich wälze mich im Bett und kann nicht aufhören zu grübeln. Angestrengt versuche ich, an etwas Schönes zu denken. Ich döse weg und wache wenig später wieder auf, weil ich von der Arbeit träume. Wieder musste ich im Traum anstrengende Gespräche führen. Bei diesem Gedanken schnellt mein Puls in die Höhe. Irgendwann ist die Nacht endlich vorbei und ich kann aufstehen, weil normale Menschen um diese Zeit aufstehen und nicht mitten in der Nacht. Mitten in der Nacht schlafen normale Menschen. Aber was ist schon normal?

Vor dem Frühstück gehe ich ins Labor. Dort nehmen sie mir Blut ab und fragen, ob ich alle Medikamente erhalten habe und sie auch einnehme. Ich erkläre, dass ich darauf verzichte. Die Schwester ist mit meiner Antwort einverstanden. Meine blauen Beruhigungstabletten gehören nicht zu Medikamenten, sagt sie mir.

Gesundwerden fängt bei mir im Kopf an. Ich muss gegen böse Gedanken und Trägheit ankämpfen. In den vergangenen Monaten hieß das vor allem, mich selbst zu motivieren, nicht auf der Couch zu sitzen und apathisch aus dem Fenster zu starren, ohne etwas zu essen oder zu trinken.

In einem anderen Zimmer wird ein Foto von mir gemacht. Ich betrachte das Bild und schlage der Schwester vor, es mit Photoshop zu bearbeiten, damit es erträglicher aussieht. Wir lachen und sie sagt, dass man morgens um diese Zeit von niemandem das perfekte Aussehen verlangen könne. Na dann.
Anschließend werde ich gewogen. Es war schon mal mehr, doch vor vier Monaten war es auch schon mal deutlich weniger. Mit meinem Vater habe ich zu Weihnachten darüber gescherzt: „Um das Gewicht zu halten, muss man auch mal essen, wenn man keinen Hunger hat."

Das mache ich seitdem, denn mein Kopf weiß, dass „normale" Menschen mindestens drei Mahlzeiten zu sich nehmen.
Danach muss ich noch zum EKG, bevor ich endlich frühstücken gehen darf. Ich beabsichtige, mich an einen Einzeltisch zu setzen, weil ich gerne meine Ruhe haben möchte. Aber die anderen sehen mich und zeigen mir, dass sie sich meinen Namen gemerkt haben. Sie jetzt zu ignorieren wäre toll, aber das geht nicht, denn sie lächeln mich nett an. Also setze ich mich zu ihnen. Ich antworte zwar auf ihre Fragen, dennoch bin ich froh, wenn sie mich in Ruhe lassen. Ich beobachte stattdessen lieber und lausche ihren Gesprächen und der Zusammenfassung des gestrigen Kinofilms. Als mir wieder eine Frage gestellt wird, antworte ich nur knapp und erkläre, dass ich kein Morgenmensch bin. Eigentlich stimmt das so nicht. Ich stehe gerne früh auf, doch ich möchte meine Ruhe haben.

Nach dem Frühstück steht das erste Teamtreffen auf dem Plan. Die andere Neue und ich werden begrüßt, also stelle ich mich vor. Nur Name und Herkunft, so wie es mir gesagt wurde. Bei der Begrüßungsveranstaltung erhalten wir einen Einblick in die menschliche Psychosomatik und eine Unterweisung in die Hausordnung. Zudem erfahren wir mehr über die Freizeitaktivitäten, die in Bad Pyrmont angeboten werden.
Auf Arbeitsblättern sollen wir unsere Therapieziele fixieren. Neben mir sitzt die andere Neue, eine dunkelhaarige Frau. Ich schätze sie auf 36 und weiß schon von den Tischgesprächen, dass sie Soldatin ist. Bis auf Weiteres ist sie für mich das „dunkelhaarige Mädchen"[4], weil ich mir ihren Namen nicht merken kann. Ich glaube, ihr Vorname beginnt mit C. Ihre Telefonnummer speichere ich erst einmal unter Carina und nehme mir vor, den Namen später zu korrigieren. Ich hoffe, niemandem fällt auf, dass ich mir so gut wie nichts merken kann. Das dunkelhaarige Mädchen fragt mich: „Wie soll ich Ziele formulieren, wenn ich nicht weiß, was mein Problem ist?"
Eine gute Frage. Ich bin offensichtlich nicht die Einzige, die sich diese Frage stellt. Mit ihr gehe ich auch zur nächsten Einweisung: Training sozialer Fertigkeiten. Wir erfahren etwas über das Vier-Ohren-Modell des Psychologen und Kommunikationswissenschaftlers Friedemann Schulz von Thun und sollen festlegen, was genau wir in Rollenspielen üben wollen. Ich möchte gerne lernen, wie ich Menschen auf die Frage „Wo bist du so lange gewesen?" antworte, ohne sie dabei anlügen zu müssen. Das mache ich momentan. Meiner Nachbarin habe ich erzählt, dass ich Urlaub habe, zu meinen

---

[4] Während meines Aufenthaltes kamen und gingen die Patienten jede Woche. Ich versuchte, mir die Namen zu merken, war aber nicht in der Lage dazu. Sie erhielten alle einen für mich leicht zu merkenden Namen und tauchen unter diesem im Tagebuch ohne Einführung auf.

Eltern fahre und anschließend einen Lehrgang besuche. Das rechtfertigt sechs Wochen. Bei Freunden erfinde ich Ausreden, warum ich nicht weggehen kann oder gerade nicht so viel esse.
Ich möchte lernen, wie ich sage, was ich sechs Wochen gemacht habe, ohne dass man mich belächelt.
Ich möchte lernen, manchen Menschen höflich mitzuteilen, dass sie mich in Ruhe lassen sollen. Dieses Bedürfnis habe ich seit 2013 immer öfter, wenn ich mit meinen Vorgesetzten spreche. Diese Gespräche lassen mein Hirn bluten, und mein Hirn lässt es immer stärker an meinem Körper aus.

Andere Menschen in dieser Gruppe haben das Problem, dass sie zu niemandem „Nein" sagen können. Damit habe ich kein Problem. Aber im Dienst gibt es die Regel „Ober schlägt Unter". Selbst wenn ich mitteile, warum ich „Nein" sage, gibt es nur einen Befehl, und die Antwort lautet: „Jawohl, Herr Kap'tän."[5]

Zurück auf meinem Zimmer bespreche ich mit der Co-Therapeutin meinen Therapieplan. Sie sieht sich mein Arbeitsblatt zum Thema Therapieziele an. Ich habe mir Gedanken gemacht und formuliert, dass ich gerne akzeptieren möchte, dass das System Bundeswehr so ist, wie es nun mal ist. Das alles würde ich gerne nicht mehr so nah an mich heranlassen. Ich mag meine Arbeit und meine Soldaten. Als ich versuche, es ihr zu erklären, beginne ich zu heulen. Schon Kleinigkeiten bringen mich dazu, erkläre ich ihr. Verständnisvoll und ruhig sagt sie: „Für mich hört es sich nicht nach Kleinigkeiten an."
Sie zeigt mir, wo und wie ich meinen Blutdruck messen kann, und schickt mich zum Mittagessen. Am Tisch bin ich gelassen. Die anderen lassen mich in Ruhe und ich kann nur zuhören. Um 13:00 Uhr bin ich wieder bei der Ärztin. Ich bekomme eine Broschüre mit Orientierungshilfen, damit ich mich hier in meiner neuen Umgebung besser zurechtfinde, sowie eine Angst- und eine Depressionsfibel. So schlimm ist es wohl. Das stellen sie mit einem Fragebogen und nach einem Gespräch fest. Zusätzlich bekomme ich drei weitere Fragebögen, die ich bis Montag ausfüllen soll. Die Ärztin sagt mir, dass sie die Sporttherapie, die Entspannungstherapie und die Genussgruppe für sinnvoll halte. Sie fragt mich, was ich mir unter der Genussgruppe[6] *vorstelle. Über meine Antwort „Klingt nach Schokolade*

[5] Das Prinzip von Befehl und Gehorsam lässt in der Regel am Ende nur eine Antwortmöglichkeit zu. Da ist kein Raum für ein Nein und weitere ausführliche Begründungen.
[6] In der Genussgruppe konzentrieren sich die Patienten auf ihre Sinne (Sehen, Hören, Tasten, Schmecken, Riechen). Jede Stunde steht einer dieser Sinne im Mittelpunkt

essen" lacht sie. Nachdem sie mir die Inhalte erklärt hat, bitte ich sie, mich zudem für die Aktivitäten „Werken" und „Musik" einzutragen. Dann verabschiede ich mich, kehre zurück auf mein Zimmer und beschäftige mich mit den Fragebögen.

Der erste Bogen enthält viele Fragen, die sich auf meinen Gemütszustand und Aktivitäten jeglicher Art beziehen. Weine ich mehr als früher? Bin ich genauso aktiv wie früher? Bin ich verschlossener? Der zweite Bogen behandelt ähnliche Fragen, und Bogen Nummer drei bezieht sich auf mein soziales Umfeld: Familie, Freunde, Partnerschaft. Mit diesem Bogen ist man wohl etwas länger beschäftigt, wenn man einen Partner, Kinder und ein inaktives Elternhaus hat. Ich kann teilweise ganze Seiten überspringen. Die Beziehung zu meinen Eltern ist super. Ich denke mir, dass es auch sein Gutes haben kann, wenn man Single und ohne Kind ist.

Mein Pate holt mich ab und zeigt mir und dem dunkelhaarigen Mädchen ein paar Dinge in der Stadt. Wir gehen einkaufen, Eis essen und Kaffee trinken. Mein Pate gesteht mir, dass er sich sehr unwohl fühlte, sobald er hörte, dass auch ich bei der Bundeswehr bin. Als ich ihn nach dem Grund frage, blockt er ab: „Weil ich jetzt nicht darüber sprechen möchte."
Offenbar verlangt ihm das Rollenspiel diese Reaktion ab. Für mich völlig akzeptabel. Ich merke mir seine Antwort. Im Grunde könnte ich sie ebenso verwenden, wenn wieder jemand etwas von mir wissen möchte, worauf ich nicht antworten will. Er berichtet mir von seiner Angst, dass ihn dienstliche Gespräche wieder nach unten ziehen. Auch das kann ich bestens nachvollziehen. Anschließend gehen wir zurück und essen zu Abend.

Beim Essen fängt mein rechter Arm wieder an zu zittern[7]*, erst ein wenig, dann immer stärker. Ich kann ihn nicht kontrollieren. Das Messer in meiner Hand wackelt nervös. Damit es möglichst niemand merkt, schneide ich mein Essen vor und setze mich dann auf die Hand. Wenn ich den Arm aktiv nutze, mit dem Messer schneide oder mit dem Löffel den Tee umrühre, zittere ich nicht so stark. Wenn ich aber versuche, die Tasse anzusetzen, um den Tee zu trinken, schon. Irgendwann reicht es mir. Ich verabschiede mich und*

---

und wird unter Anleitung mit verschiedenen Übungen durch die Gruppe erarbeitet. Dem Patienten kann dadurch bewusst werden, was er als (un-)angenehm empfindet und welche Erinnerungen möglicherweise damit verknüpft sind, z. B. Duft von süßem Kakao = Sonntagskaffee mit leckerem Kuchen bei Oma.

[7] Dieses Zittern (Tremor) begleitete mich über eine längere Zeit. Muskelzittern kann unterschiedliche Ursachen haben, z. B. Kälte, Schock, Angst, Stress, seelische Belastungen.

gehe. Danach telefoniere ich mit meinen Eltern und erzähle ihnen unter anderem von den kleinen Tellern, die es hier gibt, weil in der Klinik auch adipöse Patienten behandelt werden. Besorgt fragen sie nach, ob man sich Nachschlag holen könne, wenn man noch Hunger hat.
„Ja, das ist möglich", antworte ich ihnen. Nach dem Telefonat brauche ich dringend Ruhe. Ich lese in meinem Buch, trinke dabei wie gewohnt meinen Tee, nehme die blaue Tablette zur Beruhigung und lösche das Licht, nachdem ich um kurz vor 23:00 Uhr noch mal Blutdruck und Puls gemessen habe. Um kurz vor zwölf ist die Nachtruhe, die keine war, fürs Erste vorbei. Andere Menschen schlafen bestimmt schon. Die haben es gut. Wahrscheinlich pfeift es in deren Ohren nicht so wie auf meiner rechten Seite. Dieses monotone Piepen[8] *macht einen solchen Lärm, dass Schlafen einfach unmöglich ist.*

[8] Tinnitus, ausgelöst durch Stress und psychische Belastung.

STUMPF IST TRUMPF

Nach der OP rief ich erst mal meine Mutti an und erzählte ihr, was passiert war. Sie fiel aus allen Wolken und nahm mir ein paar Entscheidungen ab, indem sie nach Hamburg kam, mich in ihr Auto setzte und mich zur Rundumpflege ins Hotel Mama fuhr. Auf meine Mutti ist eben immer Verlass.

Die Zeit bei meinen Eltern tat mir gut, denn ich hatte einen regelmäßigen Tagesablauf. Um 8:00 Uhr klingelte die große Kuhglocke zum Frühstück. Dann hütete ich die Couch unter einer Kuscheldecke. Um 12:30 Uhr gab es Mittagessen. Früher, als wir noch keine Kuhglocke hatten, rief meine Mutti uns immer zum Essen. Meist überhörten sowohl mein Bruder und ich als auch mein Vater ihre erste Einladung. Also rief sie wieder, ihr Ton wurde strenger. Und bei der dritten Ermahnung hieß es dann: „Braucht ihr wieder eine Extraeinladung?"
Mein Vati hört diesen Satz heute noch, wenn er sich mal wieder ganz nach hinten in den Garten zum Kompoststochern zurückzieht, da dieser belüftet werden muss, wie er sagt. Dort hört er die große Kuhglocke trotzdem nicht. Die Glocke hatte mir meine Freundin geschenkt, und ich hatte sie meiner Mutter in den Flur gehängt, damit sie nicht immer durch das ganze Haus rufen musste.
Nach dem Mittagessen wurde es immer Zeit für den Mittagsschlaf. Anschließend tranken wir einen Kaffee und gingen für einen kurzen Spaziergang an die frische Luft. Um Punkt 19:00 Uhr gab es Abendessen und eine Vorabendserie, dann die Tagesschau, und um 20:15 Uhr ging es weiter mit dem Film – selbstverständlich im dritten Programm, denn Werbeunterbrechungen nerven meinen Vater. So ähnelte etwa eine Woche lang ein Tag dem vorhergegangenen: einfach mal nichts machen, nur schlafen, essen und ganz viel nachdenken. Der Abstand zu meinem Alltag, der für mich einem Albtraum glich, wurde etwas größer. Ich sammelte Kraft und konnte mich etwas erholen.

Dabei hatte in jungen Jahren alles so gut angefangen. Bei der Bundeswehr hatte ich zunächst die Möglichkeit, den Dienstalltag schön und ereignisreich zu gestalten. Manchmal gelang mir das sogar richtig gut. An eine Situation erinnere ich mich gerne und ich amüsiere mich heute noch

köstlich darüber. Diese Geschichte kennen bisher nur drei Menschen: meine Freundin, der Wachmann der Marineschule in Mürwik und ich.
Damals hatte ich richtig lange Haare, der Zopf reichte mir bis zur Taille. Meine Freundin, die gleichzeitig Fotografin war, und ich überlegten uns, dass es witzig wäre, ein Tomb-Raider-Fotoshooting zu veranstalten. So schlüpfte ich in die Rolle der Lara Croft. Der Turm der Marineschule erschien uns für dieses Vorhaben hervorragend geeignet. Einerseits hatten wir mit Störungen nicht unbedingt zu rechnen, andererseits hatten wir einen fantastischen Ausblick über die Flensburger Förde. Ich packte die richtigen Klamotten ein und lieh mir in der Waffenkammer das passende Equipment: Holster, P8, denn eine Pistole durfte natürlich nicht fehlen, und natürlich auch ein Messer. Perfekt. Das Shooting konnte beginnen. Zwar war der Turm nicht für jedermann zugänglich, jedoch verfügte ich schnell über ein gut funktionierendes Netzwerk. Und „Simsalabim – Sesam öffne dich!" waren wir drin. Ich tauschte meine militärische Uniform gegen das sexy Outfit von Lara Croft: khakifarbene kurze Hose, schwarzes Top, langer Zopf, Messer zwischen den Zähnen und die Pistolen im Beinholster.
Meine Freundin fotografiert am liebsten aus der Bewegung heraus, also positionierte ich mich an einem geeigneten Punkt im Raum vor einer weißen Wand. Ich drehte meinen Rumpf aus dem Stand heraus, sodass mein langer Zopf immer wieder an mir vorbeiflog. Ich bekam genaue Anweisungen: „Halt die Arme mit den Waffen in der Hand mal hoch in die Luft ... ja, ungefähr so ... aber nicht zu hoch, sonst sieht man dein Gesicht nicht ... Entspanne mal dein Gesicht, das muss ganz locker aussehen, so als wenn du das jeden Tag machst ... ja, genau so ... und noch mal ... und noch mal ... und noch mal. Ganz locker ... ja, genau, super."
Ich kam so richtig ins Schwitzen.
Und als würde der Film in meinem Kopf Realität werden, drehte sich plötzlich der Schlüssel im Schloss und die Tür öffnete sich knarrend. Ein verdutzter Wachmann stand vor uns, sein Mund halb geöffnet und die Augen weit aufgerissen. So etwas hatte er hier ganz sicher noch nicht erlebt. Nach einer gefühlten Ewigkeit, die bestimmt nur ein Bruchteil einer Sekunde war, brachte er lediglich heraus: „Was machen Sie denn hier?" Wenigstens konnte er etwas sagen.
Ich schwieg ihn an, während ich nach den richtigen Worten suchte. Meine Gesichtsfarbe wechselte von Rot zu Knallrot. Den Blick meiner Freundin kann ich nicht abrufen, weil meine Augen zwischen Wachmann und den Ausrüstungsteilen auf dem Boden hin und her wechselten. Mir war heiß geworden und ich wollte einfach nur noch weg. Also fing ich an, hektisch meine Sachen zu packen. Der etwa 55-jährige Mann schüttelte während-

dessen verständnislos den Kopf. Im Nachhinein muss ich sagen, dass er bei unserem Shooting eigentlich hätte mitmachen müssen, denn er wirkte selbst wie eine verkleidete Figur in seiner viel zu großen Wachmannuniform.

Als wir zurück auf meiner Stube waren, hatten wir den ersten Schock verarbeitet. Wir lachten uns regelrecht kaputt. Erst jetzt fielen uns die besten Antworten ein, die wir hätten geben können. Auf seine Frage „Was machen Sie denn hier?" hätte unsere Antwort lauten sollen: „Na, wir stricken uns einen Pullover – sieht man doch."
Spontanität ist eben das, was mir auf dem Nachhauseweg einfällt.
Als ich damals noch als Hörsaalleiterin in der Marineschule tätig war, nahm ich meine Freundin öfter mit. Stets hatte sie ihre Kamera dabei. Sie fotografierte während des Bordpraktikums auf der Fregatte oder begleitete mich zum Ball an die belgische Offiziersschule. Wir hatten jedes Mal so viel Spaß wie im Turm der Marineschule, auch wenn die brenzligen Situationen danach ausblieben.

Häufig bekomme ich die Frage gestellt, wie ich überhaupt auf die Idee kam, zur Bundeswehr zu gehen. Dazu sollte man zunächst wissen, dass ich liebend gerne ins Kino gehe. Eines Tages, ich glaube, es war im März 2004, saß ich also mit meiner Mutti im Kino. Wir wollten einen witzigen Film gucken – und da kam sie: die Werbung der Bundeswehr. Helikopter, lächelnde Soldaten, die augenscheinlich die Herausforderungen gerne annahmen. Nach dem Werbefilm war für mich klar: Ich werde Helikopterpilot bei der Marine. Über die Aufgaben wollte ich sofort mehr erfahren. Ein paar Tage später saß ich in Burg bei Magdeburg im Kreiswehrersatzamt und ließ mich beraten. Das alles fand ich sehr spannend und ich stellte viele Fragen. Nachvollziehbar war für mich, dass man am Dienstgrad sehen kann, wer etwas zu melden hat. Es gibt Gesetze und Vorschriften, an die sich jeder Soldat halten muss. Es geht um Eignung, Leistung und Befähigung: Wenn man sich an alle Regeln hält und gut ist, dann wird man nach einer bestimmten Zeit befördert. Bei der Bundeswehr muss man den Befehlen der Vorgesetzten gehorchen. Dass dabei der Ton ab und zu auch schon mal etwas rauer werden könnte, störte mich nicht.

Ich wollte ein Teil der Kameradschaft sein. Alles ist durchstrukturiert, es gibt für jede Situation einen Plan und jeder Soldat weiß, wann er was zu tun oder zu lassen hat. In der Gruppe erreichen alle zusammen immer das gesetzte Ziel. Die perfekte Vorstellung und ein absoluter Traumjob.

Ich erfuhr, dass ich studieren und währenddessen bezahlt werden konnte, sollte ich mich dazu entscheiden, Offizier zu werden. Das Kreiswehrersatzamt organisierte für mich und andere Interessenten eine Besichtigungsfahrt nach Hamburg an die Helmut-Schmidt-Universität. Beeindruckend: Die Bundeswehr hat sogar eine eigene Universität. Dort konnte ich mir einen Eindruck von den Rahmenbedingungen im Studium verschaffen. Ich unterhielt mich mit studierenden Offizieren, die mir motiviert die Uni und die Wohnebenen zeigten. Absolut traumhaft: zusammen wohnen und lernen. Bei diesen hervorragenden Rahmenbedingungen konnte ich sehr schnell ein Studium abschließen und dann Offizier und Pilot sein. Das überzeugte mich.

Wer hätte das gedacht? Ein Kinobesuch sorgte dafür, dass ich Offizier der Bundeswehr werden wollte. Meine Entscheidung war gefallen. Doch um meinen Plan in die Tat umzusetzen, musste ich diverse Tests durchlaufen. Ich fuhr nach Köln zur OPZ, der Offizierbewerberprüfzentrale, dem Assessmentcenter für Führungskräfte der Bundeswehr. Das Zimmer, in dem ich mit anderen Frauen untergebracht war, wurde von Tag zu Tag leerer. Ich meisterte alle Aufgaben mit Bravour – bis auf den Sport- und den Mathetest.
‚Sport ist Mord', dachte ich, als ich zwölf Minuten am Stück laufen sollte. Ich war fix und fertig. Im Mathetest sollte ich irgendwelche Buchstaben zusammenrechnen. Ich kannte das nur mit Zahlen und riet – mehr schlecht als recht – meine Ergebnisse aus den fünf zur Verfügung stehenden Antworten.
Dann saß ich vor dem „Einplaner", einer Person, die meine Ergebnisse kommentierte. „Ich verstehe das nicht … Ihre Zeugnisse sind alle gut und Sie sind Bankkauffrau. Aber die Ergebnisse des Mathetests sind unterirdisch", sagte er und rieb sich verzweifelt das Kinn. „Sie möchten Betriebswirtschaftslehre studieren. Das Grundstudium besteht zum größten Teil aus Mathe und Statistik. Sie dürften nach diesen Ergebnissen gar nichts studieren, noch nicht mal Pädagogik."

Nach diesem Gespräch durfte ich trotzdem zur Marine, und auch für das Studium der Betriebswirtschaftslehre wurde ich zugelassen. Ich war durchaus verhandlungsstark und hatte dem Einplaner versprochen, ab dem nächsten Tag Mathe zu lernen.

Aber vor Mathe kam Sport. Nur so konnte ich die Grundausbildung überstehen. Zwölf Minuten am Stück im Kreis zu laufen stellte mich weiterhin vor eine unüberwindbare Herausforderung. Diese zwölf Minuten

kamen mir vor wie eine Ewigkeit. In den Wochen nach dem Einstellungstest übte ich Sit-ups und Liegestütze und lief den Kanal vor der Haustür hoch und runter. Ich war eine Schnecke und versuchte, wenigstens zur Rennschnecke zu mutieren.
Dabei murrte ich jeden Tag aufs Neue. Wenn die Seitenstiche kamen und ich aufgeben wollte, fragte mich meine Mutti, die mich bei den sportlichen Aktivitäten begleitete: „Hast du dir das wirklich gut überlegt?"
Im Zuge dessen erzählte sie mir irgendwann, dass ich meinen ersten Schritt im Leben erst mit 15 Monaten gemacht hatte. Und wenn ich als Kind vom Schlitten in den Schnee gefallen war, schrie ich so lange, bis mich mein Opa aufhob. Selbst handeln schien mir fremd zu sein. Schon früh hatte ich einige seltsame Anwandlungen: Wenn ich fror, hungrig oder müde war, bekam ich schlechte Laune. Das waren nicht unbedingt die besten Voraussetzungen, um bei der Bundeswehr anzuheuern.

Bei den Teilstreitkräften Marine, Heer und Luftwaffe dauert die Grundausbildung drei Monate. Bei der Marine gab es für die Offiziere jedoch keine Grundausbildung im klassischen Sinne. Für sie waren die ersten drei Monate aufgeteilt in sechs Wochen „Soldatische Basis"[9] und sechs Wochen „Seemännische Basis" auf dem Segelschulschiff Gorch Fock. Salopp zusammengefasst: „Wir lernen laufen, uns anziehen und eine neue Sprache" und erfahren die See. Das bedeutete „Segeln, Putzen, Seekrankheit".

An der Uni lachten die Heeressoldaten, wenn ein angehender Marineoffizier einen Satz mit „In meiner Grundausbildung ..." begann. Während das „Bodenpersonal" Märsche absolvierte und an den Gewehren ausgebildet wurde, glichen die Aktivitäten der Marinesoldaten in deren Augen einer Spaßveranstaltung, quasi einem bezahlten Urlaub.

Ich erinnere mich noch sehr genau an den 1. Juli 2004. An jenem sonnigen Donnerstag sitze ich im Zug nach Flensburg. Mir gegenüber lächelt mich ein junger Mann an, der, wie sich herausstellt, das gleiche Ziel hat wie ich. Weil er sehr nett ist, unterhalten wir uns während der gesamten Zugfahrt. Wir sind beide wahnsinnig aufgeregt und spekulieren, was uns in der Offizierschule erwarten wird. Er erzählt mir, dass er sich noch nicht für 12 Jahre verpflichtet hat, sondern zunächst als Wehrdienstleistender einsteigt. Somit hätte er noch die Gelegenheit, die Reißleine zu ziehen und

---

[9] Die Soldatische Basis ist ein Teil der Grundausbildung der Offizieranwärter an der Marineschule

auszusteigen, sollte es ihm nicht gefallen. Für Frauen gibt es die klassische Wehrpflicht nicht. Sie haben die Option von sechs Monaten „Probezeit", in denen sie die Bundeswehr jederzeit wieder verlassen können, wenn es ihnen nicht gefällt.

Nachdem wir in Hamburg umgestiegen sind, füllen sich die Abteile mit jungen Leuten, die nach Flensburg wollen. Am Bahnhof werden wir von Uniformierten empfangen. Sie fragen nett, wo wir hinwollen. Strahlend geben wir Antwort und werden von der Reaktion überrascht. Die Soldaten machen uns und den anderen Beine: „Ja, dann hauen Sie mal rein, oder glauben Sie, dass ich ewig warte? Was gucken Sie denn so? Denken Sie, ich trage Ihre Tasche? Los jetzt, der Bus wartet nicht. Oder wollen Sie laufen? Wir haben auch noch andere Dinge vor."
Auweia, bloß abducken und die Klappe halten. Im Bus stellt sich einer der Uniformierten vor:
„Ich bin Schulz, Vorname Seekadett. Das ist mein Dienstgrad. Also: Seekadett Schulz. Ich erzähle Ihnen jetzt wichtige Dinge, also sollten Sie gut zuhören."
Ich merke, dass ich bei der Marine angekommen bin. Dieser Seekadett Schulz flutet uns regelrecht mit Informationen. Obwohl wir uns im Bus befinden, sitzen alle in einem Boot. Mein Kopf brummt und ich hoffe, dass wir bald da sind. Am Ende seiner Ansprache habe ich längst vergessen, was Seekadett Schulz am Anfang gesagt hat.

Als wir aussteigen, wimmelt es nur so von Soldaten, die den bunten Haufen aus Ankömmlingen antreiben. Wir verlassen den Bus und greifen unsere Taschen, bevor wir über altes Kopfsteinpflaster an einem riesigen blühenden Rhododendronbusch vorbeilaufen. Dann stehen wir vor dem Haupteingang der Marineschule Mürwik. An der riesigen Eingangstür sammelt sich eine große, unsortierte Traube junger Menschen, die alle gerne Marineoffiziere werden möchten. Plötzlich beginnt ein Fragebombardement: „Hey, Sie! Name? PK? Welche Inspektion? Wo ist Ihr Einberufungsbescheid?"
„Wie bitte?"
„Nicht fragen – antworten Sie!"
Meinen Namen bekomme ich noch hin, dann ist aber auch schon Schluss und ich beginne hektisch, in meiner Tasche zu wühlen, um nach Zetteln zu suchen – so wie die meisten. Ich halte dem Uniformierten meine Einladung vors Gesicht, und er verkündet in zackigem Ton: „Aha, zwoote

Inspektion. Tja, da muss ich Ihnen gleich sagen, dass Sie in der schlimmsten Inspektion gelandet sind. Dort schaffen es die wenigsten."
Oh Mann, auch das noch!

Als ich am Ende der Soldatischen Basis einen der Seekadetten frage, aus welchem Grund in der zweiten Inspektion so wenige durchkommen, sieht er mich verdutzt an. Beim gemütlichen Zusammensitzen erzähle ich ihm, dass ich diese Information am ersten Tag bekommen habe. Er kann sich vor Lachen kaum noch auf seinem Sitz halten. „Da müssen die Neuen am ersten Tag durch", sagt er und leert sein Bier. Am Ende lachen wir alle darüber.

Nachdem mir vom „Türwächter" Einlass gewährt wurde, beginnt der Registrierungsmarathon. Und weiter gehen die Befehle auf die Neulinge nieder: „Ihre PK lernen Sie am besten gleich auswendig. Ihre Bankdaten kennen Sie ja schließlich auch, oder?"
Ja, meine Bankdaten kenne ich. Also beschäftige ich mich auch mit meiner Personenkennziffer[10]. Durch sie weiß die Bundeswehrverwaltung, wer wir sind, und kann uns auseinanderhalten. Ohne Anträge und Verwaltung geht bei der Bundeswehr bekanntlich gar nichts, während wir uniformiert alle gleich aussehen. Wie früher in der Bank bin ich also auch hier nur eine Nummer. ‚Na gut', denke ich mir und gehe weiter.

Schon an der nächsten Station kenne ich meine PK bereits auswendig. Ich habe diverse Unterlagen abzugeben und andere auszufüllen. Und dann ist es so weit: Ich bekomme meinen Stubenschlüssel. „Stube" - welch seltsamer Begriff für meine Bude. Es dauert eine Weile, bis ich meine Stube dann endlich gefunden habe. Ich bin im Nordflügel der Schule untergebracht, die übrigens auch als Schloss durchgehen würde.

[10] Die Personenkennziffer (PK) besteht aus dem Geburtsdatum, dem ersten Buchstaben des Nachnamens bei der Einstellung und fünf weiteren Ziffern. Sie wird auf jedem Formular eingetragen und auf der Erkennungsmarke eingestanzt.

SCHLAFLOS IN BAD PYRMONT

1:46 Uhr. Die Nacht ist noch lang. Ich grübele über verschiedene Dinge nach. Mein Herz schlägt spürbar und es fühlt sich an, als ob es aus meinem Brustkorb springen will.

2:43 Uhr. Ich kann eine Stunde schon gut schätzen. Gerne würde ich spazieren gehen, aber ich soll das Haus nicht verlassen. Soll ich mich auf den Balkon setzen? Leider ist das ohne Bewegung zu kalt.

3:38 Uhr. Ich gehe zum Blutdruckmessen. Die Durchgangstür lässt sich durch Ziehen nicht öffnen, durch Drücken aber schon. Meine Gedanken schweifen ab und ich erinnere mich an den Spruch eines Kameraden: „Es gibt zwei Worte, die dir im Leben fast jede Tür öffnen: Ziehen und Drücken. Alle anderen Türen sind Drehtüren."
Nun schlägt mein Herz nicht mehr so wild. Ich kehre in mein Zimmer zurück und lege mich hin. Nicht mehr lange, dann ist die Nacht vorbei.

Ich habe den Wecker auf 7:23 Uhr gestellt. Eine gute Zeit, um an einem Samstag aufzustehen und zu frühstücken. Schon um 6:33 Uhr bereite ich mich mental auf den Weckton vor. Gibt es viele Frühaufsteher wie mich, die das Wochenende effektiv nutzen wollen? Eine Antwort bleibe ich mir schuldig und stattdessen bleibe ich weiter liegen. Was soll ich auch in meinem Zimmer machen? Um kurz nach sieben bin ich wach und suche sofort die Medizinische Zentrale auf, um mitzuteilen, dass es mir gut geht. Fragen habe ich keine. Nach dem Blutdruckmessen belohne ich mich mit Frühstück.

Die Mädels am Tisch sind heute echt fröhlich. Mein Pate und ich haben gestern schon darüber gesprochen. Ich vermutete, dass sie schon länger da sind und die Therapie bereits anschlägt. Bei der Anreise seien sie nicht so heiter gewesen, bestätigte er. Ich freue mich für sie. Das dunkelhaarige Mädchen setzt sich neben mich an den Tisch. Sie ist mir sehr sympathisch.
Zurück auf meinem Zimmer hänge ich meinen Gedanken nach und beginne mit meinem Projekt „Häkelmütze". Andere sagen, häkeln würde entspannen. Das möchte ich herausfinden. Um 11:45 Uhr gehe ich zum Mittagessen und danach mit dem dunkelhaarigen Mädchen in die Stadt.

Gestern hatte ich mir einen Einkaufszettel geschrieben, ich konnte mich jedoch nicht mehr erinnern, wo ich ihn abgelegt hatte. Ergebnis: Gestern habe ich Dinge vergessen und muss heute noch einmal los, um Duschbad und Haarwäsche zu besorgen. Als ich zurück auf meinem Zimmer bin, häkele ich an meiner Mütze weiter. Ruhe im Zimmer, Unruhe im Kopf. Beim Abendessen ist viel los. Ich bin genervt, versuche aber, mich zusammenzureißen. Meine Ohren sind von einer geräuschdämpfenden Schicht umgeben. Ich nehme alle Geräusche durch einen Schleier wahr und muss mich auf ein Gespräch sehr konzentrieren. Das ist verdammt anstrengend.

0:38 Uhr. Ich denke an etwas Schönes.

4:37 Uhr. Die Zeit ist schnell vergangen. Habe ich etwa geschlafen? Es scheint so. Schon wieder zermartere ich mir das Hirn. Es fühlt sich an, als würde man es in einen Schraubstock einspannen. Je mehr ich denke, desto absurder erscheint mir mein Aufenthalt in dieser Klinik. Was ist mein Problem? Habe ich ein Problem? Ich schlummere vor mich hin und träume von der Arbeit. Dieser Dämmerzustand ist fürchterlich, weil ich mit Herzklopfen aufwache.
Ich habe die Menschen in meinem Traum deutlich vor Augen, doch die Gesprächsinhalte sind verflogen. Aufgrund meines körperlichen Zustandes, der Aufregung und der Schweißausbrüche kann es nichts Gutes gewesen sein. Ich liege wach und schaue aus dem Fenster. Aus dem Fenster sehen kann ich gut. Ich habe dies letztes Jahr im Oktober und November fast ausschließlich getan, als ich zu Hause war. Auf der Couch sitzen und rausschauen. Tagelang. Vielleicht habe ich damit meine Zeit verschwendet, doch ich war nicht in der Lage, mich gegen meine Lethargie durchzusetzen. Ein unsichtbares Band der Depression hat mich an die Couch gefesselt.

Es gibt gute und schlechte Tage. Heute ist ein guter Tag. Ich ziehe mich an und gehe in die Medizinische Zentrale. Dort habe ich mich mit dem dunkelhaarigen Mädchen verabredet. Nach dem Frühstück reden wir bei einem Spaziergang über die Arbeit. Dieses Thema belastet nicht nur mich, sondern auch sie. Irgendwann nervt mich das so sehr, dass ich vorschlage, das Thema zu wechseln. Es ist Wochenende und schönes Wetter. Wir reden über Hunde, Familie und Urlaub, über viele schöne Dinge. Wir sitzen auf einer Bank am Wasserschloss und schauen den Enten und Fischen zu. Mein rechtes Augenlid zuckt heute wieder öfter. Sobald ich es einmal registriert habe, nervt es mich.

Nachdem wir zurückgekehrt sind, ziehe ich mir bequeme Sachen an, öffne das Fenster meines Zimmers, lege mich auf mein Bett und schließe die Augen.

Ich schlafe nicht, sondern konzentriere mich auf die Vögel. Irgendwann stehe ich auf und setze mich auf den Balkon in die Sonne. In der Wärme ihrer Strahlen häkle ich an meiner Mütze weiter.

Um 14:30 Uhr finde ich mich an einem bestimmten Treffpunkt ein. Von hier aus unternehmen die Gruppe und ich jeden Sonntag einen Spaziergang, bei dem wir ein Eis essen gehen. Ich laufe mit dem dunkelhaarigen Mädchen hinter den anderen her. Sie sagt, dass sie solche Treffen eigentlich nicht mag. Weggehen mit fremden Menschen sei nicht ihr Ding. Sie wüsste, dass es ihr guttäte, aber eigentlich möchte sie ihre Ruhe genießen. Ich verstehe zu gut, was sie meint. Offenbar war sie in den letzten Monaten auch ein Couchtierchen. Wir haben nicht nur diese Gemeinsamkeit, sondern auch noch einige andere. Sie hat den gleichen Humor wie ich. Wir amüsieren uns immer noch über die Postkarte, die wir neulich beim Einkaufen gesehen haben. Auf ihr war ein Erdmännchen abgebildet mit dem Spruch: „Einen Scheiß muss ich." Diese Einstellung ist uns sehr sympathisch und wird für die nächste Zeit unser Leitspruch.

Als wir vom Eisessen zurück sind, ziehe ich los zu einer kleinen Bergwanderung, um mir die Strecke zum Spelunkenturm anzusehen. Der Weg ist anstrengend und steil. Unterwegs treffe ich einen Patienten aus meiner Gruppe. Der Studi ist jung und hat Höhenangst. Er berichtet stolz, dass er gerade auf dem Turm war – das dritte Mal schon, seit er hier ist. Er fragt, ob er mich begleiten darf. Er darf. In der Gruppe ist er meistens schüchtern, doch heute scheint auch er einen guten Tag zu haben und plaudert drauflos. Er bittet mich, ihn jedes Mal zu fragen, ob er mitkommen möchte, wenn ich künftig noch einmal den Turm emporsteige. Natürlich nur, wenn ich Gesellschaft möge, sichert er sich ab. Wenn ich allein gehen möchte, wäre es für ihn auch okay. Ich überlege kurz und habe eine Idee: Ich werde ihn jedes Mal fragen und ihm einfach mitteilen, wenn ich meine Ruhe haben möchte. Dann können wir im „Klappe zu"-Modus laufen. Er dankt mir. Auf dem Rückweg spricht er mich auf mein Problem an. Ich teile ihm mit, dass wir irgendwann in den nächsten Wochen darüber reden könnten. Insgeheim jedoch bezweifle ich, dass ich die mit dem Problem bin.

1:03 Uhr. Für einen normalen Menschen, der nach dem Tatort ins Bett geht, hätte die Nacht schon begonnen. Weil ich nicht schlafen kann, lasse ich mir

die Definition von „normal" durch den Kopf gehen. Wir haben bei einem Gespräch am Tisch herumgewitzelt.
„Wenn ich normal wäre, dann wäre ich nicht hier", erklärte einer beim Essen. Ich bemerkte: „Normal ist eine Definitionssache. Wenn ich mich als ‚normal' definiere, dann sind alle, die nicht so sind wie ich, nicht normal. Da du auch hier bist, bist du genauso normal wie ich, und die da draußen sollten sich Gedanken machen. Hast du das mal so gesehen?"
Wir lachten.

Für mich ist es nun sehr viel erträglicher, hier zu sein. Ich habe beschlossen, wieder mehr zu lachen. Eigentlich bin ich ein sehr fröhlicher Mensch. Am meisten lache ich über mich und meine Malheurchen. Die kleinen Dinge, die so passieren können, wie unfreiwillige Kulibemalungen auf der Brusttasche der Uniform. Ich kam damals gerade von einer Chef-Kommandeur-Besprechung. Einer meiner Soldaten fragte grinsend: „Schreiben Sie eigentlich immer so mit?" Und ich entgegnete: „Nein, das war nur heute so. Heute war es wieder besonders wichtig." Mit Humor macht der Dienst viel mehr Spaß.

Mir wurde der Humor untersagt, während andere Führungskräfte ihn weiter ausleben durften. Häufig war ich die Einzige, die in einer Besprechung zurechtgewiesen wurde. Mein Chef sagte barsch, dass es sich um ein ernstes und wichtiges Thema handle, und da würde nicht gelacht. Ich verstummte und dachte: ‚Wenn dieses Thema wirklich so wichtig wäre, dann hätten meine Vorgesetzten bereits Monate zuvor auf meine Meldungen reagiert.'
Während alle anderen weiterhin ihre Witze machten, gewöhnte ich mir an, aus dem Fenster zu sehen und meine Klappe zu halten.[11]

---

[11] Ich war damals die einzige Frau in den Runden. Der Humor von uns Chefs war manchmal sarkastisch und ironisch geprägt. Das Zurechtweisen hat mich nicht gestört, heute würde ich das selbst machen. Auffallend war allerdings, dass nur ich ermahnt wurde.

DAS ROTE SCHLOSS AM MEER

Als ich in die Stube komme, stelle ich meine Tasche ab und schaue mir alles genau an. Zwei Betten stehen im Raum. Wer hier wohl noch wohnen wird? Kaum habe ich mir ein Bett ausgesucht, betritt ein Seekadett das Zimmer. In meiner gewohnt freundlichen Art begrüße ich ihn mit einem lockeren „Hallo“ und werde dafür sofort gemaßregelt: „Das heißt: ‚Guten Tag, Frau Seekadett.‘“
Oha, der Mann ist eine Frau. Sie wirkt knabenhaft und hat blonde, sehr kurze Haare. Gut, dass ich mich zurückgehalten habe. Jetzt antworte ich ihr: „Okay, mach' ich.“
Sie kommt einen Schritt auf mich zu. Offensichtlich war meine Antwort wieder nicht zufriedenstellend, denn sie sagt im selben Ton wie zuvor: „Wenn Sie etwas quittieren, dann heißt das: ‚Jawohl, Frau Seekadett.‘ Oder eben ‚Herr Seekadett‘. Widerworte gibt es hier sowieso nicht, verstanden?“
Ich möchte gerade zum „Okay“ ansetzen, da wird mir sofort klar, dass ein „Jawohl, Frau Seekadett.“ wohl schon jetzt passend wäre. Sie quittiert meine Reaktion mit: „Na, Sie lernen aber schnell.“

Anschließend weist sie mir die rechte Hälfte des Zimmers zu. Der Raum ist ungefähr vier Meter lang und dreieinhalb Meter breit. Auf jeder Seite stehen ein Bett, ein Schreibtisch mit Lampe, ein Stuhl und ein Rollcontainer. Alles sehr übersichtlich. Mit den Bewohnerinnen vom Nachbarzimmer teilen wir uns das Bad. Wir, das sind ich und die unbekannte Kameradin, die noch nicht angereist ist.
Während ich in meine Gedanken vertieft bin, bombardiert mich Frau Seekadett mit weiteren Details. Ich sehe, dass sich ihre Lippen bewegen, doch ihre Worte kommen bei mir nicht an. Dann höre ich mit einem Ohr ihr letztes Wort: Lebenslauf.

Frau Seekadett möchte wissen: „Haben Sie das verstanden?“
Ich nicke. Das stellt sich jedoch als unüberlegt heraus, denn nun soll ich den gerade ausgesprochenen Befehl komplett wiederholen. Ich versuche mein Glück und sage, dass ich einen Lebenslauf schreiben soll. Sie guckt mich an, bestätigt mit „Das auch“ und fragt ungeduldig: „Was sollen Sie vorher noch machen?“

Ich gestehe ihr, dass ich es mir nicht merken konnte. Sie wiederholt es. Aha, ich soll vorher „zum Spieß" und ins „Gezi" und in einen Raum, der scheinbar sehr weit weg ist, denn sie erklärt mir einen ganz langen Weg. Spieß und Gezi ist „ein Deck tiefer", nur den „Niedergang" runter. An diese neue Fremdsprache muss ich mich noch gewöhnen. Ich schlendere erst mal los, ein paar Treppen hinunter, einen langen Korridor entlang, und dann erreiche ich die Tür mit der Aufschrift „Geschäftszimmer". Das muss dieses Gezi sein. Ich betrete den Raum und melde mich: „Frau Seekadett hat gesagt, dass ich hier vorbeikommen soll."
Der freundliche ältere Herr blickt hinter dem Tresen hervor, lächelt und fragt: „Ach, Sie meinen, dass Frau Seekadett Ihnen den Befehl gegeben hat, sich im Geschäftszimmer zu melden?"
Ja, genau. In seiner Sprache klingt das irgendwie richtig gut. Ich nicke zustimmend und murmle: „Ja, Herr Mmmh ..." Wie heißt wohl dieser Dienstgrad?
Der Mann, der eine gelbe Kordel trägt, antwortet mir auf meine gedachte Frage: „Ich bin der Spieß und Stabsbootsmann ist mein Dienstgrad."
Ich bekomme von ihm eine kurze Einweisung, gebe meine Unterlagen ab und werde zur nächsten Station weitergeschickt.
In einem anderen Raum bekomme ich eine Kampftragetasche, die mit schweren Sachen gefüllt ist. Mein Name wird auf der Ausgabeliste abgehakt, nachdem ich ihn mit zugehöriger PK genannt habe. Es hat sich jetzt schon gelohnt, diese Nummer auswendig zu lernen, denn der Kamerad hinter mir wird gefragt: „Wieso kennen Sie Ihre PK nicht, die Kameradin ihre aber schon?"
Die Situation ist dem Kameraden unangenehm. Mir auch, und deshalb suche ich schnell das Weite.

Stuben- und Spindordnung

Der Spind in der Marineschule ist ca. 1,50 m breit und 2,30 m hoch und damit ziemlich groß. Das Hauptfach bietet Platz für Schuhe und Uniformen. Jede Uniform – Bord- und Gefechtsanzug, Erste Garnitur[12], Feldanzug und Sportanzug – hat einmal ordentlich auf einem Bügel im Spind zu hängen. Die zweite und dritte Garnitur Uniform[13] werden in

---

[12] Ausgehuniform

[13] Jeden Uniformtyp gab es in dreifacher Ausfertigung. Eine Uniform hing ordentlich auf dem Bügel, die übrigen Uniformteile wurden zusammengelegt.

„Päckchen" zusammengelegt, um im darüber liegenden Spindfach verstaut zu werden. Über dem Hauptfach befindet sich ein weiteres Fach, in dem Rucksack, Kampftragetasche, Seesäcke, Koppeltragegestell und der Gefechtshelm verstaut werden. Im kleineren Schrankteil gibt es ein Fach für Essen und Getränke, eine Schublade für Kleinuniformteile und eine weitere Schublade, in der ich meine komplette Unterwäsche verstaue: Sportboxershorts und BHs, die alles wegschnüren. Da wackelt und hüpft nichts mehr, wenn ich mich bewege. Außerdem gibt es im Spind ein Privatfach, welches verschlossen werden kann. Ganz oben in der Ecke kann die zivile Kleidung abgelegt werden. Hier ist nicht viel Platz, und so beschließe ich, die meisten Kleidungsstücke in meiner Reisetasche zu lassen, die unter das Bett geschoben werden darf. Der komplette Spind ist während der Dienstzeit zu verschließen und bei der Stuben- und Spindmusterung auf Befehl zu öffnen, damit er durch die Vorgesetzten kontrolliert werden kann.

Das Sportzeug darf nach dem Sport zum Trocknen auf einem Bügel außen am Spind hängen. Sportschuhe werden nach dem Sport am Kopfende des Bettes auf der Erde abgestellt. Die verschwitzten nassen Socken werden ordentlich über die Schuhspitzen gelegt.

Das Bett wird nach der Nachtruhe auf ganz spezielle Art und Weise hergerichtet und darf tagsüber nicht genutzt werden. Es handelt sich um den sogenannten „Bockbau". Dazu wird die Bettdecke längsseitig gefaltet und um das Kopfkissen gelegt. Darüber kommt eine braune, dicke, kratzige Decke, welche die Aufschrift „BUND" trägt und mehr an eine Pferdedecke im Reitstall als an eine Tagesdecke erinnert. Die Winkel an den Kopfkissenenden haben genau 90 Grad zu betragen.

Es darf exakt ein Bild aufgestellt werden. Ein Wecker ist verboten – die Vorgesetzten bestimmen über die Zeit. Die Stube sieht unbewohnt und kalt aus. Nachzulesen sind die Regeln in der sogenannten „Segelanweisung" der Marineschule. Die zusammengetackerten A4-Zettel sind vergleichbar mit der Gästemappe in einem Hotelzimmer – nur militärischer formuliert. Anstelle von Informationen zum Wellnessbereich stehen hier die Öffnungszeiten der Schwimmhalle und statt der Telefonnummer für den Zimmerservice findet man hier die Öffnungszeiten des „Remters", womit der Speisesaal mit Truppenküche gemeint ist.

Kameraden

Am ersten Tag bekommen wir den Auftrag, unseren Lebenslauf zu schreiben, und sofort fühle ich mich in die fünfte Klasse zurückversetzt. Nach dem ersten Versuch bekomme ich die Blätter zurück.
„Nehmen Sie weißes, unliniertes Papier und lassen Sie links und rechts drei Zentimeter Platz für den Rand.“ Neben den grundsätzlichen persönlichen Inhalten eines Lebenslaufs werden mir zusätzliche Fragen vorgegeben, die ich beantworten soll:
„Warum wollen Sie zur Marine? Welche Hobbys haben Sie? Welche besonderen Erfahrungen und Qualifikationen können Sie vorweisen?“
Meine Antworten: „Mein Großonkel hat ein Segelboot und ich war schon als Kind oft im Urlaub am Meer. Mit meinem Bruder tanze ich Standard- und lateinamerikanische Tänze. Ich habe eine abgeschlossene Ausbildung als Bankkauffrau und bin nach dem Abitur ein Jahr durch Amerika gereist und habe auf kleine Kinder aufgepasst.“

Meine Mitbewohnerin ist mittlerweile auch angekommen und ich bin nach kurzer Zeit genervt. Sie fragt mich andauernd, was ich so schreibe. Möchte sie meinen Lebenslauf übernehmen? Sie hat doch ganz andere Dinge erlebt. Wieso schreibt sie ihre Erlebnisse nicht einfach auf? Sie sagt mir, dass sie dachte, hier einen Mann kennenlernen zu können, denn hier liefen genug herum. Außerdem fände sie die Uniformen schön. Sie stellt fest, dass sie das wohl nicht in den Lebenslauf schreiben kann, und überlegt sich etwas anderes. Ich halte dies für eine gute Idee und sehe zu, dass ich meinen Lebenslauf fertigstelle, um ihn schnell abzugeben.

Am ersten Abend befiehlt der Gruppenführer[14] nach dem Abendessen: „Um 23:00 Uhr heißt es: Ab auf den Bock zum Knacken. Das bedeutet: Licht aus, Augen und Mund zu.“
Endlich Schlafenszeit. Für mich bedeutet das, bis dahin den Lebenslauf noch einmal in Schönschrift abzuschreiben, denn den zweiten Versuch bekam ich noch vor dem Abendessen zurück. Dann noch unter die Dusche und ab ins Bett. Meine Mitbewohnerin tüdelt noch eine Weile länger vor sich hin und vergisst dabei komplett die Zeit. Plötzlich fliegt die Tür auf. Von einer Sekunde auf die nächste schießt mein Puls nach oben und ich bin hellwach. Ein fremder Gruppenführer steht im Raum, am Arm eine Schlaufe, auf der „UvD“ zu lesen ist.

[14] Als Gruppenführer bezeichnet man die Dienststellung eines Unteroffiziers als militärischer Führer von mehreren Soldaten.

„Merken Sie die Einschläge noch?", hallt die Stimme des Unteroffiziers vom Dienst nach. Vermutlich soll das so viel bedeuten wie „Läuft's noch?" oder „Haben Sie etwas an den Ohren?". Offensichtlich meinen sie es hier ernst, wenn sie befehlen: „Licht aus, Augen und Mund zu."
Die Kameradin am Schreibtisch springt auf, stammelt ein paar Erklärungsversuche vor sich hin und versucht, sich zu rechtfertigen. Es bleibt beim Versuch. Mit gesenktem Kopf verschwindet sie ins Bett. Dieses Störerlebnis wird nicht das letzte gewesen sein. Immer wieder liege ich sonntags schon lange im Bett, alle Sachen sind geordnet und vorbereitet, wenn sie um 23:00 Uhr die Stube mit ihren Knistertüten betritt. Das sind regelmäßig nur fünf Stunden Schlaf, schlechte Laune am frühen Morgen inklusive.

In meinem Zug[15] sind wir 5 Frauen und 18 Männer. In fast jeder Unterrichtsstunde meldet sich ein Kamerad aus Berlin: „Mal anjenommen: Bundeskanzler tot, Bundespräsident tot, Bundesminister tot. Wer hat dann die Kommandojewalt über die Streitkräfte?"
Ein Raunen geht durch die Klasse. Der Truppenfachlehrer hat die passende Antwort parat: „Wenn es so weit ist, garantiere ich Ihnen, ist eh alles zu spät."
Der Kamerad aus Berlin ist nicht besonders zufrieden mit dieser Antwort. Mit seinen Einwänden macht er sich bei allen „beliebt" - vor allem in der letzten Stunde vor dem Wochenende. Auch Wochen später beginnen seine Sätze mit „Mal anjenommen ...".

Ein weiterer Kamerad ist erst kürzlich aus Benin in Afrika nach Deutschland gekommen. Er wird lange von seiner Familie getrennt sein und spricht noch nicht so gut Deutsch. Sechs Monate lang wurde er in Hürth sprachlich vorbereitet, um drei Jahre an der Ausbildung in Deutschland teilzunehmen. Er kann lange Strecken schnell laufen und ist richtig fit. Der Mann ist einer von insgesamt zwölf ausländischen Soldaten, die mit uns die Ausbildung absolvieren.

Ein anderer Kamerad guckt immer grimmig. Er will alles richtig machen. So putzt er sich seine Schuhe mit besonderer Schuhcreme, damit sie glänzen wie Lackschuhe. Mit seinem Stubenkameraden fährt er nach Dienst mit einem elektrischen Spielzeugpanzer durch seine Stube. Dabei

---

[15] Ein Zug ist eine militärische Organisationsform. Im Rahmen der Ausbildung an der Marineschule bestand ein Zug aus einem Zugführer, drei Gruppenführern und drei Gruppen mit bis zu acht Soldaten

muss der Panzer Berge von Büchern überwinden. Der Spielzeugmotor wird bei starken Anstiegen besonders laut. Und irgendwie beschleicht mich das Gefühl, dass dieser nette Kamerad bei den Bodentruppen besser aufgehoben wäre.

Insgesamt sind wir ein sehr bunter Haufen junger Menschen. Am ersten Abend steht dieser bunte Haufen einheitlich uniformiert in blauen Sportanzügen auf dem Nordhof. Dort werden wir von den Seekadetten nach Größe geordnet.
„Stehen Sie gefälligst gerade, damit wir sehen können, ob es auch wirklich passt. Wie gesagt: Rottenweise, immer drei hintereinander und ganz, ganz viele nebeneinander."
Ein paar Kameraden müssen noch tauschen, damit das Zugbild perfekt aussieht. Am Ende ist der Gruppenführer mit seiner Arbeit zufrieden und sagt: „Das ist also Zug 21 Charlie. Sieht schon ganz gut aus."
Dann läuft der Zugführer auf. Wie alle anderen stehe ich im Stillgestanden und kann aus den Augenwinkeln einen blonden und breitschultrigen Hünen sehen, der grimmig guckt und immer näher kommt. Er begrüßt uns laut mit „Guten Abend, Zug 21 Charlie!", und wir antworten wie aus einem Mund mit „Guten Abend, Herr Fähnrich!".
Ich sehe ihn an und befürchte schon jetzt, dass er uns an unsere Leistungsgrenze bringen wird. Für ihn werden meine 20 Liegestütze vermutlich ein Witz sein. Die Zusammenarbeit mit Herrn Fähnrich fängt auch gleich gut an: Er sagt uns, dass wir am Wochenende nicht nach Hause fahren werden, und gibt den Gruppenführern den Befehl, uns zum Essen zu bringen. Wir bekommen ein paar Kommandos, und dann setzt sich der blaue Sportanzughaufen in Bewegung. Wie im Kindergarten: alle zusammen, nur ohne Anfassen. So ist sichergestellt, dass niemand verloren geht. Als wir an der Wasserseite entlanglaufen, denke ich mir: ‚Nette Aussicht und frische Luft … es gibt Schlimmeres.'

Truppenküche – Ohne Mampf kein Kampf

Wir gehen im Zugrahmen[16] essen. Es bildet sich eine ganz lange Schlange, und immer wieder höre ich verschiedene Befehle. „Aufschließen" heißt, man soll keine Lücken lassen, und „Schotten bleiben frei" ist sinnvoll,

---

[16] Alle Soldaten des Zuges gehen während der Soldatischen Basis immer gemeinsam essen.

denn wenn die Tür aufgeht, heißt es ansonsten „Brett vor dem Kopf". Als ich endlich an der Reihe bin, ertönen schon die nächsten Befehle von hinten: „Das muss viel schneller gehen! Das hier ist kein Hotel. Suchen Sie sich gefälligst schnell etwas zu picken!" Grinsend ergänzt der Gruppenführer: „Da passen drei Mann vor die Essensausgabe. Aber das hören Sie auf der Fock noch, bis es Ihnen aus den Ohren kommt."

Ich bin so überfordert, dass ich mir zwar ein Tablett, Besteck und Käse nehme, aber das Brot komplett übersehe. Mein Vater sagt auch heute noch: „Kind, nicht der Belag, sondern nur Brot macht satt." Trotzdem traue ich mich nicht, noch einmal zurückzugehen, denn die anderen Kameraden stehen schon hinter ihren Stühlen und warten auf mich. Ganz hinten im Zug heißt auch, ganz hinten beim Essen. Jeder soll gleich wenig Zeit zum Essen haben, und deswegen müssen die anderen auch immer auf die letzten Kameraden warten. Dafür ist ihr Mittagessen in den nächsten Wochen auch immer schon lauwarm, sodass sie es schnell verschlingen können. Ich schaufle ebenfalls in exorbitanter Geschwindigkeit, weil ich Hunger habe. Leider verbrenne ich mir dabei immer Gaumen und Zunge.

Am ersten Abend ruft der Gruppenführer nach 15 Minuten am Tisch: „Alles auf!" Es wird nicht mehr weitergegessen. Alle stehen auf, nehmen ihre Tabletts und müssen sie an der Tablettrückgabe leer räumen. Plastik in die Plastiktonne, Besteck kommt in die Besteckkörbe und Bioabfall in die Biotonne: Kiloweise Brot, Käse und Wurst werden auf Befehl in den Müll gegeben. Ich sehe den Kameraden vor mir verdutzt an. Damit hat niemand gerechnet.
Gleich an diesem ersten Abend habe ich den Versorgungsbegriff neu erlernt. Unabhängig davon, was auf dem Speiseplan steht, greife ich fortan immer den komplett verfügbaren Bestecksatz, bestehend aus Tee- und Esslöffel, Messer und Gabel, Tasse und Teller. Und immer packe ich alle Speisen aufs Tablett und hamstere, was mir in die Finger kommt und matschfrei in die Beintasche der Uniformhose passt.

Nach dem Essen und der Abfallsortierung stehen wir wieder durcheinander als Sportanzughaufen vor dem Hauptportal. Die Ausbilder formieren den Zug genervt noch einmal neu – ein letztes Mal. „Gucken Sie links und rechts und vorne und hinten und merken Sie sich, wo Sie stehen. Dann wissen Sie auch immer, ob einer Ihrer Kameraden fehlt."
Im Laufschritt geht es an der Wasserseite entlang zurück zum Nordhof.

Einkleidung

Es ist 5:00 Uhr in der Früh und ich stehe fast im Bett. Mein Herz schlägt mir bis zum Hals. Wo bin ich gerade? Was ist das für ein schriller Lärm und wo kommt er her? Ich habe Angst, weil ich nicht weiß, was jetzt passiert, und außerdem habe ich deutlich zu wenig geschlafen. Dieser Morgen ist vorerst der schlimmste in meiner noch sehr jungen Matrosenkarriere. Es ist der erste Morgen und bis jetzt habe ich erst einen halben Tag absolviert.

Ab sofort werden wir jeden Morgen von unseren Gruppenführern mit der Bootsmannsmaatenpfeife[17] geweckt. Zunächst ertönt ein Pfeifen und dann ein lauter Singsang: „Reise, Reise, aufstehen."
Dem folgt ein „Zug 21 Charlie, Schott!".
Dieser Befehl bedeutet für mich als Stubenälteste, sofort vor die Tür zu gehen, um mir dort einen weiteren Befehl abzuholen. Und da stehe ich nun vor der Stubentür in meinem rosafarbenen Schlafanzug. Daran hat der Vorgesetzte nichts auszusetzen. Einige andere Kameraden werden jedoch angemotzt: „Sie sind hier nicht auf einer Modenschau, um Ihre Körper zur Schau zu stellen. Ziehen Sie sich sofort ein Shirt an!"
Die Türen knallen und ich beginne auf dem kalten Gang zu frieren – die Bettwärme ist schnell verflogen. Sofort bekomme ich schlechte Laune. ‚Hoffentlich finden die schnell ein Shirt', denke ich mir.

Als wir wenig später an der Wasserseite vorbeimarschieren, habe ich einen Bärenhunger. Meine zwei Scheiben Käse ohne Brot vom Vorabend sind längst verdaut und ich wünsche mir ein halbes Schwein auf Toast – jetzt sofort. Ich kann mein Glück kaum fassen, als ich das erste von zwei Brötchen in den Mund stopfe. Nur Augenblicke später heißt es: „Alles auf!"

Die Frauen der Crew VII/2004 sind bereits der vierte Jahrgang von Frauen bei der Bundeswehr. Wir sind zwar zur Soldatischen Basis in Flensburg angereist, werden aber nicht wie die Männer in Flensburg eingekleidet, sondern nach Plön zur Marineunteroffizierschule gefahren. Die Busfahrt dorthin dauert unendlich lange. Ich bin müde ohne Ende, doch schlafen kommt für mich nicht infrage. Ich kann darauf verzichten, wieder zurechtgewiesen zu werden.

---

[17] Die Bootsmannsmaatenpfeife ist aus Metall und wird an Bord von Schiffen und Booten eingesetzt, z. B. um Soldaten durch Pfeifensignale zu befehligen.

Als wir die Kleiderkammer erreichen, erhalten wir alle einen riesigen Einkaufswagen und eine Chipkarte – das ist der Moment, auf den viele Frauen bestimmt warten. An der ersten Station erhalte ich zwei große Seesäcke. Diese werden sofort, wie anschließend auch alle anderen Ausrüstungsteile, auf die Chipkarte gebucht. Ich stelle die gigantischen Einkaufstaschen nebeneinander in den Einkaufswagen und tüte an den nächsten Stationen die anderen Uniformteile sehr ordentlich ein. Auf einen Schlag soll ich alle Ausrüstungsteile erhalten, die für die gesamte Dienstzeit notwendig sein könnten. Wie im zivilen Leben macht mir persönlich auch dieses „Einkaufen" keinen Spaß.

Meine Kameradinnen sehen das mit Humor. „Einen Einkaufswagen voller Klamotten, Karte hinhalten und nichts zahlen müssen. Natürlich müssen wir uns über die Optik der Sachen noch mal unterhalten, da die Kleidungsstücke nicht wirklich die Figur betonen, ganz zu schweigen von den Farbtönen", scherzen sie.
Wer klein ist, schaut an manchen Stationen wortwörtlich blöd aus der Wäsche, denn die kleineren Größen (36/38/40) fehlen zum Teil. Ab Größe 44 ist die Kleiderkammer dafür gut ausgestattet. Ich bekomme einige Uniformteile in Übergröße. „Tauschen Sie diese später."
Aha. Okay. An manchen Stationen bekomme ich gar nichts. Wird nachgeliefert. Aha. Ich lebe auf kleinem Fuß mit Schuhgröße 37.
„Kampfstiefel in 37? Oh, da muss ich mal nachschauen ... da haben Sie aber Glück."
Ich bekomme zwei Paar schwarze Stiefel, die ich in den Seesack stopfe. Dabei denke ich mir, dass meine Füße beim Einlaufen des harten Materials wohl weniger Spaß haben werden.

Begleitet werden wir an diesem Tag nur von weiblichen Vorgesetzten. Sie haben den Offizierlehrgang bereits geschafft und sind teilweise schon Offiziere, die in der vorlesungsfreien Zeit des Studiums ein Führungspraktikum an der Marineschule absolvieren. Gegen Mittag werden alle unruhig. Das liegt daran, dass die zivilen Mitarbeiter ihre Arbeit an den Stationen aufgrund ihrer einstündigen Pause einstellen, die Meute allerdings zum Frühstück das letzte Mal verpflegt wurde. Ich bin müde und habe Hunger. Meine Laune verschlechtert sich von Minute zu Minute. Die Truppenküche in Plön schließt am Freitagmittag pünktlich um 12:30 Uhr ihre Pforten, deshalb fahren ein paar der Vorgesetzten zu „Feinkost Albrecht" und kommen mit Wasser und Brötchen zurück.
Wir lernen gleich am ersten Tag, was „Leben in der Lage" und „Kameradschaft" heißt. Die Brötchen werden geteilt und viele von uns trinken

gemeinsam aus einer großen Flasche. Ich gehe davon aus, dass es sich um den „Kein Essen"-Test handelt, und vermute, dass damit überprüft wird, wer von uns zuerst aufmuckt, wenn der Hunger zu groß wird. Damit könnten die Vorgesetzten herausfinden wollen, wer belastbar ist und wer nicht.

Es war jedoch kein Test. Ein Jahr später erkannte ich, dass wir der erste Ausbildungsjahrgang nach dem neuen Konzept[18] an der Marineschule waren und dass sich hier ein Planungsfehler eingeschlichen hatte. Die Verantwortlichen hatten einfach vergessen, die Mahlzeit einzuplanen.

Nachdem ich alle Uniformteile empfangen habe, treten wir auf dem Hof an. Wir werden aufgefordert, uns ein schattiges Plätzchen zu suchen und unsere Taschen wieder auszupacken. Denn jetzt spielen wir „Ich packe meinen Seesack und nehme mit …".
Die Spielregeln: Zuerst werden alle Gegenstände auf die Isomatte gelegt. Dann liest die Vorgesetzte der Reihe nach die Ausrüstungsteile vor. Nach jedem Aufruf suchen wir das passende Stück und halten es hoch. Sobald alle fündig geworden sind und den Arm in die Höhe strecken, stecken wir das Ausrüstungsteil wieder in den Seesack.

Immer wenn mir ein Ausrüstungsteil fehlt, kommt die Vorgesetzte und prüft mit eigenen Augen, welche Uniformteile noch auf der Matte liegen und ob ich es übersehen haben könnte. Die Überprüfung verläuft nicht wie geplant, weil wir nicht alles empfangen haben. Also schreibt Frau Seekadett das fehlende Uniformstück auf eine Liste. Am Ende habe ich trotzdem zwei Seesäcke und eine Kampftragetasche mit Einkleidungsbeute. Mir ist unerklärlich, wie das alles in meinen Spind passen soll. Auf dem Rückweg schlafe ich im Bus ein, so wie alle anderen auch, denn es ist erlaubt, zu schlafen. Zurück an der Marineschule schleppe ich meine Taschen auf meine Stube und darf nach dem Abendessen noch Ausrüstungstetris spielen. Alles hat seinen Platz im Spind. Kurz vor „Licht aus" bin ich auf dem Bock und schlafe erschöpft ein, noch bevor ich den zweiten Fuß im Bett habe.

---

[18] Zuvor wurden die Offizieranwärter an der Marineunteroffizierschule in Plön ausgebildet.

DON'T EXPECT MANGOS FROM A BANANA TREE

2:42 Uhr. Ich bin genervt. Als ich erneut aufwache, dämmert es draußen.

Bei der Teambesprechung ist es laut und kalt. Meine Laune wird schlechter. Am liebsten hätte ich einen dicken Kopfhörer auf. Ich gebe meine Fragebögen und meine Gesundheitsakte an meine Therapeutin weiter. Sie war im Urlaub und sieht erholt aus.

Auf dem Stundenplan steht „Gestaltung". Klingt nach Kunstunterricht, und so ist es auch gemeint. Wir bilden drei Gruppen und bekommen die Aufgabe, uns ein Produkt auszudenken, es zu malen, und einer aus der Gruppe soll es präsentieren. Der Therapeut legt fest, wer das Produkt verkaufen soll. Der- bzw. diejenige braucht es nicht zu malen.
Der Unterricht ist herrlich. Alle haben viel Spaß und ich muss nicht viel machen, denn ich habe schon das Produkt vorgeschlagen. Das zierliche Mädel neben mir fängt fröhlich an zu zeichnen. Ich male nur ein wenig aus und überlege mir einen Namen zu unserem Produkt. Anschließend sitzen wir in einem Halbkreis und jeder Verkäufer präsentiert sein Produkt.

Danach sollen wir eine Art Feedback geben, worauf ich, ehrlich gesagt, keine Lust habe. Allerdings beobachte ich die Verkäufer, als sie ihr Feedback bekommen. Teilweise sind sie sehr unsicher, weil sie Positives hören, und zum Teil sind sie von sich selbst überrascht, wie positiv sie auf andere gewirkt haben und dass es ihnen nur am Anfang schwergefallen ist, frei zu sprechen. Ich sage gar nichts. Ich bin froh, dass ich dort nur anwesend sein muss.

Im Anschluss gehe ich zum „Training sozialer Fertigkeiten". Ich nehme direkt an der Tür Platz. Damit präsentiert sich mir die beste Aussicht aus dem Fenster. Es ist relativ laut. Die Stunde wird von zwei Therapeutinnen geleitet. Die beiden wirken in ihrer Art, sich zu bewegen, zu gestikulieren und zu sprechen, ruhig und verständnisvoll.
Der Unterricht läuft in kleinen Rollenspielen ab. Ein Gruppenteilnehmer stellt eine Situation vor, die er üben möchte. Er übt, wie er im Falle eines Falles auftreten möchte. Anschließend erhält er ein Feedback von der Gruppe. Ich werde es erst einmal unterlassen, mich an dieser Therapie

inklusive Feedbacks zu beteiligen. Es erstaunt mich aber, wie lieb die anderen minimale Änderungen im Verhalten ansprechen, damit die Person selbstbewusster, energischer, wütender – eben je nach Situation angepasst – wirken kann. Ich fühle mich nicht in der Lage, ein so feinfühliges Feedback zu geben. Stattdessen fühle ich mich sozial inkompetent. Ich werde diesen Kurs nutzen, um mich zu resozialisieren. Mir scheint es angemessen und nützlich, wenn ich meinem Verhalten, meiner Körpersprache und meiner verbalen Kommunikation einen Schliff verpasse.

Doch zuvor mache ich mich auf den Weg zur Depressionsgruppe. Das wird bestimmt schrecklich. Der Raum ist stickig, aber immerhin nicht so voll. Wir werden aufgefordert, in einer Gruppenarbeit die Merkmale von selbstbewusstem Verhalten zusammenzutragen. Ich bin mit drei Fremden in einer Gruppe und stelle schnell fest, dass es sich um Soldaten handelt. Sie reden nur über Dienst und Kampftruppen. Ätzend! Darauf habe ich gar keine Lust und sehe zu, dass ich dort schnell wieder wegkomme. Als die Ärztin die Punkte mit uns auswertet, wird mir bewusst, dass ich sehr selbstbewusst auftrete. Wieder stelle ich mir die Frage, warum ich hier sitze und was genau mein eigentliches Problem ist. Ich bin sehr gespannt auf die nächsten Wochen.

Als Nächstes gehe ich zu meiner ersten Sporteinheit: Wirbelsäulen- und Kopfschmerzgymnastik. Beide Kurse sind sehr entspannend und tun mir gut. Als ich im Therapiebereich ankomme, um ein medizinisches Wannenbad zu nehmen, erinnert mich die Umgebung zunächst eher an ein Leichenschauhaus aus dem Tatort. Alles ist mit kleinen Kacheln gefliest, das Licht ist schrecklich hell und unfreundlich. Der Therapeut lässt mir ein heißes Wasserbad mit Entspannungsöl ein, das Licht wird gedämpft und aus den Lautsprechern ertönt sanfte Musik. Als ich meine Augen verschließe, kann ich mich entspannen, weil ich dadurch die Klinikumgebung ausblende. Das Wasser duftet und die Musik ist sehr angenehm. Doch allzu lange kann ich mich darauf nicht konzentrieren. Als ich die Augen wieder öffne, empfinde ich die Umgebung als gruselig. Mein rechtes Augenlid zuckt und ich bin wieder unentspannt und erleichtert, als es vorbei ist.

Am Abend sitze ich auf dem Balkon in der Abendsonne. Meine Gedanken drehen sich wieder im Kreis. In meiner Vorstellung führe ich Gespräche, die so nie stattfinden werden.[19] *Morgen werde ich die Therapeutin für fast eine Stunde sehen. Darauf freue ich mich. Vielleicht kann ich dann die ersten Dinge für mich klären.*

3:33 Uhr. Ich schlafe wieder ein und träume schlecht, diesmal von meinen Freunden und von der Arbeit. Der Dämmerzustand zwischen fest schlafen und wach sein ist sehr anstrengend. Ich fühle mich schlapp, aber mein Kopf arbeitet auf Hochtouren.

Später kommt das dunkelhaarige Mädchen zum Frühstück, setzt sich neben mich und sagt: „Wir waren auf dem Flur zum Frühstück verabredet."
Es ist mir unangenehm, dass ich sie vergessen habe, doch sie ist nicht nachtragend und versteht mein Problem. Irgendwie sind wir hier alle Leidensgenossen.

Termine vergessen gehört schon eine Weile zu meinem Alltag. Ich muss mir alles notieren. Manchmal vergesse ich, dass ich Termine aufschreiben muss, weil ich mir sicher bin, dass ich mich an wichtige Dinge erinnern würde. Aber ich erinnere mich nicht und ärgere mich dann über mich selbst. Manchmal vergesse ich, wo ich die Zettel hingelegt habe. Ich bin auf Klebezettel umgestiegen und klebe diese auf Augenhöhe an Türen und Wände.

Ich gehe zum Teamtreffen und bekomme noch zwei weitere Termine für heute auf den Plan geschrieben. Nun ist der Plan so voll, dass es keine Erholungsphase gibt. Ich bleibe im Raum sitzen und nehme zum ersten Mal an der Problemlösegruppe teil. Einer aus der Gruppe erzählt von seinem Leben, damit die Gruppe nachvollziehen kann, wo das Problem liegt. Wie haben sich die Dinge entwickelt? Wie konnte alles so schlimm werden, dass ein Aufenthalt hier nötig wurde?

Zunächst stellen sich alle aus der Gruppe noch einmal vor und jeder nennt seine Bedingungen, die ihm in dieser Stunde wichtig sind. Die Regeln erscheinen mir sehr einfach und logisch. Die Frau, die heute dran ist, erzählt aus ihrem Leben, bevor alle anderen aus der Gruppe Verständnisfragen stellen. Anschließend werden gemeinschaftlich die Lösungen erarbeitet. Ich freue mich, dass es mir gelingt, mich in die Frau hineinzuversetzen und ihre Lage nachvollziehen zu können. Mir fallen sogar Lösungsansätze ein, die

---

[19] Ich ging in Gedanken vergangene Situationen und jede mögliche Gesprächsentwicklung (wütender/harmonischer/sachlicher Gesprächsverlauf) durch und überlegte mir entsprechende Antworten. Diese waren meist zynisch oder sarkastisch.

ich ihr mitteile. Sie wirkt nach der Stunde zufrieden, dass sie sich überwunden hat. Diese Gruppenarbeit finde ich sehr interessant und ich nehme mir vor, hier viel zu lernen. Gleichzeitig bin ich neugierig, welche Lösungen, die ich noch nicht betrachtet habe, sich bei mir ergeben.

Ich gehe zur medizinischen Sprechstunde. Hier sitzen drei Ärzte und werten meine Laborergebnisse aus. Meine Puls- und Blutdruckwerte vom Wochenende sind teilweise auffällig, aber nicht so schlimm, dass ich mir Sorgen machen müsste. Die Ärztin bietet mir Medikamente an, damit ich die Angst- und Panikattacken in den Griff bekomme, doch ich lehne ab. Die Hamburger Ärztin brachte die Panikattacken mit dem Dienst in Verbindung. Sie traten nur auf, wenn ich im Dienst war. Hier bin ich nicht im Dienst. Die Ärztin versteht und sagt, dass ich jederzeit vorstellig werden könne, falls sich die Lage verändern sollte. Das beruhigt mich und ich suche meine Therapeutin für den nächsten Termin auf. Bis sie ihr Büro aufschließt, warte ich vor ihrer Tür. Ich erwarte, ein wenig mit ihr zu plaudern und irgendwann locker in meine Thematik einzusteigen. Schnell stelle ich fest, dass es manchmal besser wäre, keine Erwartungshaltung aufzubauen. Wie ein Zahnarzt bohrt sie sofort los und löchert mich mit Fragen. Mir raucht der Kopf. Als sie feststellt, dass eine Thematik nicht zum Problem gehört, setzt sie schnell woanders an. Das strengt mich wahnsinnig an. Keine Spur von Schongang. Nach ein paar Minuten heule ich bis zum Ende der Sitzung. Das ist in Ordnung, ich gestatte es mir, denn hier muss ich mich nicht mehr verstellen. Ich bin ein Mensch und keine Maschine. Wieder drängt sich mir die Überlegung auf, dass ich ein Systemfehler bin – doch diesen Gedanken behalte ich für mich. Die Therapeutin bittet mich, den Satz aufzuschreiben, den ich kurz vorher gesagt habe: „Ich bin gut darin, Prozesse zu optimieren."
Sie fragt, was das Negative an diesem Satz sei.
Früher war das ein Problem. Ich optimierte alle Prozesse, bis ich völlig ausgebrannt war. Also änderte ich mein Verhalten: Ich begann, zunächst zu überprüfen, ob ich für etwas zuständig war und ob sich der Aufwand lohnte. Inzwischen optimiere ich nur noch Dinge, die lohnenswert sind oder die aufgrund meiner Moral und meines Wertesystems zwingend erforderlich sind, damit ich morgens noch in den Spiegel sehen kann. Wenn ich mir diese Arbeit mache, dann aber zu einhundert Prozent. Wenn ich einen Job erledige, dann entspricht dieser dem Gegenteil von oberflächlich. Ich gehe dem Problem auf den Grund und möchte es komplett beheben. Auch das war ein Grund, warum ich hier gelandet bin. Ich hätte auch an der Oberfläche kratzen und mich um einen neuen Dienstposten bewerben können, doch das hätte mein Problem nicht gelöst. Ich kann nicht

nachvollziehen, warum ich behandelt werde, als wäre ich dumm und weniger wert als andere in meiner Position, obwohl ich gute Arbeit abliefere. Das macht mich fertig.
Sie fragt, ob ich ein Problem damit habe, manche Dinge hinzunehmen, die sich nicht ändern lassen, weil es Menschen gibt, die diese Probleme anders bewerten. Ich sage ihr, dass ich nur dann ein Problem damit habe, wenn ich dafür anschließend die Verantwortung tragen muss oder es sich mit meinem Gewissen nicht vereinbaren lässt. Mit meiner eigenen Aussage erschließt sich mir jetzt auch, dass dies ein Grund ist, warum ich hier sitze: Meine Werte bewegen sich in einem falschen System – das ist mein Problem.
Meine Therapeutin fragt, was ich nach meiner Zeit bei der Bundeswehr machen möchte. Ich antworte ihr, dass ich mich selbstständig machen werde. Sie fragt, ob ich ein Problem damit habe, mich unterzuordnen, und ob dies möglicherweise der Grund sein könnte, warum ich nicht mehr angestellt arbeiten möchte. An dieser Stelle mache ich eine einfache Wahrscheinlichkeitsrechnung auf: Die Wahrscheinlichkeit, einen faulen oder feigen Vorgesetzten vor die Nase gesetzt zu bekommen, ist im Angestelltenverhältnis deutlich höher, als wenn ich mein eigener Chef bin und auf eigene Rechnung arbeite. Ich minimiere also einfach das Risiko, wieder in dieselbe Situation zu gelangen, in der ich jetzt bin. Sie fragt nicht weiter. Probleme, mich unterzuordnen, habe ich nicht.

Auf die Frage nach meiner Sichtweise zum System Bundeswehr antworte ich: „Ich bin enttäuscht, weil ich mit anderer Erwartungshaltung angetreten bin, um meinen Beruf als Offizier auszuüben. Manche Menschen haben Narrenfreiheit. Und ich wurde zum Narren gehalten."
Wir unterhalten uns über das Soldatengesetz und über Fürsorge. Ich sage ihr, dass es solche und solche Chefs gibt. Und dass mich das Gefühl beschleicht, bis zum Umfallen arbeiten zu können und dann immer noch nicht gut genug zu sein. Egal, wie ich es mache, für Kritik an meinen Leistungen ist immer ausreichend Platz. Lob erfahre ich nie.

Die Therapeutin fragt, ob ich meine Gefühle nicht mitteilen könne. Ich sage ihr, dass ich meine Gefühle oft mitteile. Mein Chef will davon nichts hören. Er bemängelt fehlende Sachlichkeit und beanstandet meine Emotionalität. All das, was die Patienten hier als richtig lernen, wird mir von meinem Vorgesetzten als Fehler unterstellt. Ich beschreibe eine konkrete Situation. Seit Monaten hatte ich einen Personalengpass, den ich auch meldete. Zudem musste ich operiert werden und in der gleichen Woche verstarb dann auch noch mein Großvater. Ich war zu dieser Zeit emotional so angespannt, wie ich nur sein konnte. In einem Gespräch mit meinem Chef warf dieser mir vor, eine Meldung falsch abgesetzt zu haben. Ich verteidigte meine Position und sagte ihm, dass ich jeden Tag so viele Entscheidungen zu treffen habe und dass es bei 100 Entscheidungen auch mal eine falsche geben könne. Ich fügte hinzu, dass manche meiner Entschlüsse nicht notwendig seien, wenn an anderen Stellen korrekt gearbeitet werden und die Führung meine Meldungen angemessen bearbeiten würde. Gleichzeitig erklärte ich ihm, dass ich überlastet sei, weil ich drei Wochen lang die Arbeit von drei Personen erledigt hatte und selbst sonntags im Büro gewesen war, um die Aufgabenlast zu verringern.

Mein Vorgesetzter entgegnete, dass dies ja auch meine Aufgabe als Chef sei. Außerdem tat er meine Krankheit ab. Ich erinnerte ihn daran, dass ich operiert worden war und unter dem Tod meines Opas litt. Daraufhin wechselte er das Thema.

Meine Gesprächspartnerin ist verdammt hartnäckig und fragt weiter: „Haben Sie mal überlegt, den Dienstposten zu wechseln? Oder fällt es Ihnen schwer, sich von diesem System abzuwenden?"
Ich sage ihr, dass ich gerne auf dem Chefdienstposten sei, den Dienst aber nicht mehr ausüben könne.
Das System ist, wie es ist, und es passt nicht zu mir. Nach meiner Wahrnehmung sitzen ab einer bestimmten Ebene Menschen, für die andere Regeln gelten.[20] *Diese machen Karriere zulasten anderer Leute. Moral lässt sich für mich daraus nicht erkennen. Die Eingabe an den Wehrbeauftragten hatte einen Eingabebescheid zur Folge, durch den ich mich wie eine Idiotin fühlte. Während ich davon erzähle, merke ich, wie mein Puls steigt. Ich werde richtig wütend. Die Stunde ist zu Ende und ich habe Kopfschmerzen vom Bohren. Doch immerhin: Ähnlich wie bei einer Zahnbehandlung hat sich der Druck durch das Gespräch verringert. Die Schmerzlinderung ist auch weiterhin das Ziel.*

Die Therapeutin erklärt, dass bereits in der darauffolgenden Woche Kapazitäten frei seien, um der Problemlösegruppe meine Situation zu präsentieren. Sie sagt, dass ich das natürlich nicht machen müsse, weil es noch sehr früh sei. Doch ich könne, falls erforderlich, die Möglichkeit in Anspruch nehmen, zusätzlich einen zweiten Termin zur

---

[20] Erinnert an „The Golden Rule – Whoever has the gold, makes the rules." (Übersetzung: „Wer das Gold hat, macht die Regeln."). In diesem Fall bezieht sich „The Golden Rule" auf den Dienstgrad, denn je dicker die goldenen Streifen und je mehr sich davon auf der Marineuniform befinden, desto höher ist der Dienstgrad und die damit verbundene Befehlsgewalt.

Problembewältigung zu buchen. Sie empfiehlt mir den Gruppentermin wärmstens, weil ich dann mehr Zeit habe, an meinen Zielen zu arbeiten. Eines muss ich ihr lassen: Diese Frau hat Verkaufstalent. Ich nehme den Termin am nächsten Dienstag an und verlasse den Raum mit Kopfschmerzen und einem Piepen im rechten Ohr.
Ich eile zu einer Ärztin, die mich untersucht. Beim Abhören stellt sie fest, dass ich „fertig" aussehe sowie einen erhöhten Herzschlag habe, und fragt, ob ich gerade aus der Einzeltherapie komme. Meine körperlichen Reaktionen auf die Sitzung sind scheinbar keine Ausnahme.

Mit der Co-Therapeutin spreche ich über das Training sozialer Fertigkeiten und gestehe ihr, dass ich nicht weiß, was ich üben soll. Sie gibt mir den Hinweis, dass ich auch Situationen üben kann, die in der Vergangenheit stattgefunden haben, damit ich eine Rückmeldung zu meinem bisherigen Verhalten und meiner Außenwirkung bekomme. Ich halte das für eine ausgezeichnete Idee. Nach dem Gespräch mit ihr fühle ich mich viel besser und gehe zur Angstgruppe. Was ich dort soll, ist mir allerdings ein Rätsel.

In der Klinik sollen alle Patienten auch etwas über ihre Medikamente lernen. Der Therapeut erzählt uns, welche Medikamente es für welches Krankheitsbild gibt, wie und wo die Medikamente wirken und welche Nebenwirkungen sie haben. Er weist auf diverse Risiken im Alltag hin. Nicht uninteressant. Dann unterhalte ich mich mit einem älteren Herrn, der auch Soldat ist. Ich nehme für mich aus dem Gespräch mit, dass er ebenfalls ein „Verräter" ist, weil er an den Wehrbeauftragten geschrieben hat. Auch er wurde gemobbt. ‚Ich kann kein Systemfehler sein', denke ich.

Ich gehe zum Oberarzttermin. Das dunkelhaarige Mädchen kommt mir aus dessen Büro entgegen und weint. Ich trete ein und werde von einem der drei Ärzte von heute Morgen gefragt: „Haben Sie das Gefühl, dass Sie alle Ihre Probleme allein bewältigen müssen? Ich frage, weil Sie heute Morgen die Medikamente sehr hartnäckig abgelehnt haben."
Früher dachte ich das tatsächlich. Allerdings haben mir meine Eltern und meine Mädels[21] bereits ordentlich den Kopf gewaschen. Ihnen musste ich versprechen, hier wirklich alles zu sagen und mir helfen zu lassen.
„Darum stehen auf dem Fragebogen alle Verhaltensweisen, auch diejenigen, die ich den Bundeswehrärzten verschwiegen habe", erkläre ich dem Arzt. „Ich möchte, dass mir hier geholfen wird, und das geht nur, wenn Sie alles wissen."

---

[21] Kameradinnen, die zu Freundinnen wurden.

Wir reden über meine Situation und er fragt, ob ich schon mal in Erwägung gezogen habe, dass es auch dumme Vorgesetzte geben könnte. Ich sage ihm, dass ich bis vor einigen Wochen davon ausgegangen war, dass die Dienstposten nach Eignung, Leistung und Befähigung besetzt werden. Nach einem Gespräch mit meinem Mentor hatte ich dann aber die Erkenntnis, dass es manchmal leider nur um die Verfügbarkeit geht und dass dies einer der Gründe ist, warum ich in diesem System nicht mehr arbeiten möchte. Der Oberarzt fragt mich, ob ich mal überlegt habe, dass es manchmal besser sein könne, das eigene Leistungsbild nicht an andere anzulegen, weil manche Menschen diese Erwartungshaltung nicht erfüllen können und man enttäuscht werde. So etwas habe ich schon mal gehört. Manche Menschen sind nicht in der Lage, unsere Erwartungen zu erfüllen, weil sie manche Erfahrungen, wie zum Beispiel Lob und Anerkennung, selbst nie erlebt und gelernt haben und diese nicht praktizieren können. Damals hieß es: „Don't expect mangos from a banana tree."[22] Manchmal ist es notwendig, die Sichtweise zu ändern. In diesem Augenblick bin ich weniger wütend auf meinen Chef.

15 Minuten sind vorbei. Ich habe wieder Kopfschmerzen, mein linkes Augenlid zuckt und ich bin genervt von meinem Körper. Ich sehe nach dem dunkelhaarigen Mädchen. Sie ist noch traurig, aber erfreut, dass sie nicht allein sein muss. Sie zeigt mir ihre Wolle und den Pulli, den sie strickt, bevor wir einen „Entschuldigung, dass ich dich vergessen habe"-Kaffee trinken gehen.

Beim Abendessen sitzt ein neues Gesicht mit am Tisch – ein neuer Patient. Er sagt, dass er sich sehr freuen würde, wenn er nicht ständig das Verlangen hätte, zu essen. Der Neue hat sich ein dickes Fell zugelegt. Er erzählt, dass er schon zwölf Kilo zugenommen habe. Das ist auch nicht schön. Mein nicht vorhandenes Hungergefühl kann ich immerhin positiv für „Aktion Sommerkörper 2015" nutzen. ‚An jeder Situation gibt es auch eine positive Seite, man muss sie nur suchen und das Beste draus machen', denke ich mir.

Ich bin wieder auf meinem Zimmer, und da liegt immer noch der Brief vom Inspekteur der Marine. Irgendwann muss ich antworten.[23] Es vor mir her

[22] „Erwarte keine Mangos von einem Bananenbaum."

[23] Ich hatte den Inspekteur der Marine angeschrieben und auf meine Situation und Eingaben aufmerksam gemacht. Er nahm die vorgetragenen Probleme „mit Bedauern zur Kenntnis", warb um mein Verständnis, meine Zustimmung für ein klärungshelfendes Gespräch mit einer Truppenpsychologin, und bat mich, mich dem Mediationsansatz zu stellen. Ich lehnte ab, denn ich hatte das Vertrauen in das System

zu schieben, bringt mich nicht weiter und ist unhöflich. Ich formuliere ein paar Sätze. Es dauert ewig. Ich schicke einen Formulierungsvorschlag an die Mädels. Bestimmt haben sie Anmerkungen. Über ihre Hinweise bin ich froh und dankbar. Ich nehme diese auf und ändere den Inhalt. Es ist nicht so, dass ich einen Roman als Antwort verfasst hätte. Es sind nur ein paar Zeilen, und doch fällt es mir schwer, die richtigen Worte zu finden. Ich habe nicht die Kraft, die Mail abzusenden. Mein Herz schlägt schnell, ich habe Schweißausbrüche und würde am liebsten alles löschen oder wegwerfen und warten, bis alles vorbei ist. Aber das geht nicht. Ich fahre den Computer herunter, lege mich hin und versuche zu schlafen. Es ist 22:28 Uhr.

---

nach meinem ersten Eingabebescheid verloren.

ICH BIN DANN AUCH MAL WEG

Während ich diese Zeilen schreibe, fliege ich gerade nach Hongkong. Das ist sehr aufregend, denn in dieser Metropole war ich noch nie. Ich sehe aus dem Fenster und die Klimaanlage summt monoton. Die Sonne lacht mich an. Zuckerwattewolken sind in meinem unteren Sichtfeld zu sehen. Ein wenig später ist es dunkel und die Sterne leuchten hell. Über den Wolken ist die Freiheit grenzenlos. Eine Flugbegleiterin spricht mich an, ich antworte ihr freundlich: „Einen Tee, bitte."
Dann lenke ich meine Aufmerksamkeit auf die anderen Geschäftsleute. Mit starrer Miene schauen sie auf die Bildschirme ihrer Laptops und bearbeiten Dokumente. Sie sehen angespannt und gestresst aus. Für mich gibt es hier oben nichts zu tun. In der Ruhe liegt die Kraft, und so entspanne ich mich bei einer Tasse warmen Tees.

Wie vor jeder Reise war ich auch dieses Mal aufgeregt. Ich überlegte, was mich bei meiner Arbeit vor Ort und in dem noch unbekannten Land erwarten könnte. Wie werden die Menschen sein? Welche meiner Fähigkeiten werde ich brauchen? Welche Köstlichkeiten hat die Küche zu bieten? Und was kann ich von den Menschen lernen?

Ich erinnere mich daran, wie mich meine bisherigen Reisen verändert haben. Früher war ich mal ein Dreieck. Von meiner ersten Reise kam ich als Pyramide zurück. Ich hatte zusätzliche Ecken und Kanten, war nur ein klitzekleines bisschen größer und wollte nicht mehr so richtig an meinen Platz passen. Seitdem sammle ich Ecken und Kanten. Jede einzelne Erfahrung trägt dazu bei. Wenn ich verreise, wird mir das immer besonders bewusst. Auch dieses Mal werde ich eine weitere Ecke und Kante bekommen und ich freue mich darauf. Nach meiner Rückkehr werde ich nicht mehr zu 100 Prozent an meinen alten Platz passen. Je mehr ich erlebe, desto feiner wird das Vieleck und es rundet sich mehr und mehr ab. Lebenserfahrung – ich erfahre das Leben. Meine Persönlichkeit wird so zu einer runden Sache. Eine Kugel wird sie aber doch nie sein, denn ich erfahre das Leben ein Leben lang.

Schon als ich ein Kind war, verreisten wir viel. Ich erinnere mich noch genau an die Hütte in Tschechien, in der meine Familie und ich eine Woche im Winterurlaub verbrachten. Es gab keine Heizung und die

Wasserleitungen waren eingefroren. Anstatt sich zu ärgern, gestalteten unsere Eltern einen Abenteuerurlaub für meinen Bruder und mich. Mein Papa hackte Holz für den Kamin, und zum Duschen fuhren wir in die Therme. Nachts konnten die Schnarchgeräusche meines Papas für mich gar nicht laut genug sein, damit ich die Mäuse nicht hörte, die unter unseren Betten entlangliefen. Auf dieser Reise lernte ich, was Flexibilität alles ermöglicht. Denn was passiert, können wir nicht immer beeinflussen; wie wir damit umgehen, allerdings schon.

Außerhalb von Deutschland werde ich komplett aus meinem Alltag gerissen und komme auf andere Gedanken. Skandinavische Länder haben für mich Struktur und sind geradlinig. Wenn ich an südeuropäische Länder denke, dann höre ich Tanzmusik, habe den Duft von Fisch und Sonnenmilch in der Nase. Indien und Sri Lanka verbinde ich mit Buddha, Curry, alternativer Medizin und lachenden Menschen, die kaum Geld haben und doch irgendwie reicher sind als andere. Es liegt wohl an ihrer Dankbarkeit, denn „nicht die Glücklichen sind dankbar, sondern die Dankbaren sind glücklich", habe ich mal gelesen. Jede Reise hat etwas Einzigartiges und Schönes. Oft sehe ich das im Alltag für mich Selbstverständliche anschließend als Kostbarkeit und Geschenk. Ich weiß mein eigenes Leben hierzulande noch mehr zu schätzen und kann mir nicht vorstellen, eines Tages auszuwandern.

Andere Kulturen haben mich oft auf die Probe gestellt. Dort steht mein Mut auf dem Prüfstand, meine Neugier wird angeregt und meine Nervenstärke getestet. Diese Eindrücke kann mir niemand mehr nehmen. Sie gehören zu den Schätzen meiner Lebenserfahrung.

Nach dem Abitur machte ich mich im Juli 2001 auf den Weg nach Amerika. Ich verbrachte ein Jahr als Au-pair-Mädchen in Minneapolis, Minnesota, und lebte bei einer sehr lieben Gastfamilie. Die Eltern waren berufstätig und ich übernahm während ihrer Abwesenheit die Verantwortung für zwei kleine Mädchen und den Westie Angus. Wie viele andere kann ich mich noch ganz genau an den 11.09.2001 erinnern. Meine Tante hatte Geburtstag, und doch rief die ganze Familie aus der Heimat bei mir an, um mich zu fragen, ob es uns gut ginge. Ich war am Morgen wie gewohnt aufgestanden und hatte die Kinder geweckt. Meine Gastmutter lief währenddessen nervös durch das ganze Haus und schaltete in jedem Zimmer den Fernseher und in der Küche das Radio ein. Meine 13 Punkte in Englisch spiegelten keineswegs mein wirkliches Sprachverständnis wider und ich verstand nur die Hälfte. Es dauerte lange, bis ich das Gehörte verstand, und noch länger, bis ich realisierte, was es bedeutete. Zwei Monate zuvor hatte ich noch genau dort gestanden, wo nun alles in Schutt und Asche lag. Ich konnte keine passenden Worte finden, um den Kindern die Frage zu beantworten, warum Menschen so etwas Schreckliches tun. Und dies lag nicht nur an meinen limitierten Englischkenntnissen.

Ansonsten war mein Jahr wirklich großartig. Meine Gasteltern nahmen mich für die Kinderbetreuung überallhin mit, und so hatte ich die Chance, viel vom Land und von den Leuten kennenzulernen. Ich wurde mit der Zeit viel selbstbewusster, lernte, was Zuverlässigkeit und Loyalität heißt und wie man längere Reisen plant. Als ich im Pool des Hilton Hotels in Phoenix, Arizona, auf meiner Luftmatratze lag, beobachtete ich, wie kleine weiße Wolken ganz gemächlich am blauen Himmel vorüberzogen. Was war ich für ein Glückspilz! Als das Jahr vorbei war und ich meine Ausbildung in der Bank begann, wurde ich vom Fernweh geplagt.

Danach ging ich zur Marine. Noch vor Studienbeginn hatte ich mich erkundigt, welche Möglichkeiten es gab, um im Ausland zu studieren, und was dafür zu tun sei. Ich hatte ein neues Ziel: Australien. 2007 hatte ich nach sehr viel Arbeit und Herzblut einen von fünf begehrten Studienplätzen bekommen. Ich verbrachte sechs Monate in Brisbane, Australien. Statt von Uniform war die Zeit von Selbstbestimmung und Freiheit geprägt. Auf dem Hinflug legte ich mit meinen zwei Kameradinnen einen Zwischenstopp in Singapur ein. Von morgens bis abends waren wir auf den Beinen, um ja nichts zu verpassen. Ich war überwältigt von den freundlichen Menschen, den sauberen Straßen, den hohen und modernen Häusern. Als ich in Australien ankam, bezog ich ein Zimmer in einer WG außerhalb des Campus.

Meine Vorlesungen wählte ich mit Bedacht. Sie fielen so günstig, dass ich jede Woche ein langes Wochenende genießen konnte. Mit meinen beiden Reisebegleiterinnen war ich viel auf Achse. Aufgrund des Linksverkehrs bestand zunächst eine gewisse Abhängigkeit von anderen Studenten. Wir hatten noch nicht den Mut, uns selbst hinter das Steuer auf der anderen Seite im Auto zu setzen. Nach ein paar Wochen jedoch war der Wunsch nach Freiheit und Unabhängigkeit so stark gestiegen, dass wir uns ein Auto mieteten. Etwas unsicher setzte ich mich ans Steuer und übte auf einem Parkplatz, bevor ich mich auf die Straße traute. Wenn ich unkonzentriert war, stieß ich mir des Öfteren die rechte Hand an der Tür bei dem Versuch, den nächsten Gang einzulegen. Wenn ich blinken wollte, betätigte ich irrtümlicherweise schon mal die Scheibenwischer. Doch mit der Übung wuchs mein Selbstvertrauen und damit auch mein Aktionsradius.

Jenseits meiner vorherigen Komfortzone erlebte ich spektakuläre Sonnenaufgänge am Leuchtturm von Byron Bay und besuchte einen Surfkurs im legendären Surfers Paradise. Alles, was weiter weg war, erreichte ich mit dem Flugzeug. Ich nutzte jede freie Minute und schlief in günstigen Jugendherbergen. Gleich zu Beginn meiner Reise hatte ich mir ein Laken als Inlay zusammengenäht, weil ich nicht darauf vertrauen wollte, dass jeder Gast auch wirklich saubere Bettwäsche bekam.

An der Uni ließ es sich gut aushalten und so sonnig wie die Tage war auch mein Gemüt. In Flipflops und kurzer Hose war das Leben meist leicht und entspannt. Am Ende der Vorlesungszeit zog es mich nach Alice Springs. Ich schloss mich einer Reisegruppe aus fremden Menschen an. Als bunt zusammengewürfelte Truppe fuhren wir in einem Bus von Alice Springs durch das Outback zum Ayers Rock (von den Ureinwohnern auch Uluru genannt) und dann bis nach Darwin. Zwischendurch hielten wir irgendwo im Nirgendwo, um zu baden oder zu essen. Bei einem der Zwischenstopps in der Pampa gab es nur eine schäbige Bar. Dort tranken wir etwas. An den Wänden hingen BHs und Geldscheine, zuvor waren sie wohl von Touristen dort als Andenken hinterlassen worden. Ansonsten sausten wir ewig durch die karge Landschaft, vorbei an Termitenhügeln und toten Kamelen, die am Straßenrand lagen. Ich starrte ewig aus dem Fenster in die schier endlose Weite. Meist schliefen wir in kleinen Hütten und wenn es keine Hütten gab, dann schliefen wir unter freiem Himmel in einem „Swag-in-a-bag", einer zusammengerollten Matratze mit integriertem Schlafsack. Zum Glück hatte ich auch hier mein Inlay dabei.

Der Guide zeigte uns, wie wir unter dem Swag unsere Schuhe vor den Coyoten verstecken konnten und wo man essbare Raupen finden konnte für den Fall, dass man im Outback verloren ging. Diese Witchetty-Maden waren weiß und ungefähr so lang und dick wie ein Mittelfinger. Der Tourguide erklärte uns, dass wir nach einem bestimmten trockenen Busch Ausschau halten sollten. Die Maden fressen sich durch die Äste und machen die Pflanze kaputt. Wir wussten also genau, wonach wir suchen mussten, und fanden die Raupen in einem trockenen Strauch. Wenn man den Ast nicht vorsichtig genug aufbrach, um die Made herauszupulen, dann platzte sie und ihr Inneres rann einem über die Finger.

„Man kann sie auch roh essen", erklärte der Guide und schlürfte sich die gelbe Soße von seinen Fingern. Ich musste würgen. Vorsichtig schälte ich eine Made aus dem Ast und war überrascht, wie weich sie sich anfühlte, als ich über sie streichelte. Auf der heißen Feuerglut wurde sie innerhalb von wenigen Augenblicken fest und konnte mit einem Messer zerteilt werden. Gegrillte Würmer essen - das war ein ganz neuer Horizont für mich. Jetzt hatte ich so viel über die Made gelernt, da wollte ich auch wissen, wie sie gegrillt schmeckte. Der Sunnyboy forderte mich lächelnd auf: „Probier ruhig, die schmeckt nach Ei und Walnuss. Eine wirklich sehr gesunde Eiweißquelle hier im Outback."
Ich steckte mir ein Stück in den Mund, zerkaute sie zaghaft und konzentrierte mich auf den Geschmack. Tatsächlich schmeckte sie nach Ei und Walnuss. Als ich den Bissen hinunterschluckte, realisierte ich, dass ich gerade ein Stück Wurm gegessen hatte. Für den Sunnyboy war das vielleicht wie Hühnchen essen, ich dagegen würgte den Brei sofort wieder hoch. Ich hatte etwas Neues ausprobiert, aber entschieden, dass ich es vorzog, Ei und Walnuss getrennt voneinander zu essen.

Australien war eine schöne Erfahrung. Ich probierte viele neue Dinge aus und vergaß während der Zeit immer mehr und mehr mein antrainiertes Worst-Case-Denken. Ohne zu wissen, welche Tiere sich mit mir im Wasser tummelten, rutschte ich wie ein Kind fröhlich jauchzend auf Steinwasserrutschen kleine Wasserfälle hinab, um anschließend gut gelaunt in trüben Tümpeln zu baden. Ohne Bedenken spazierte ich mit Flipflops und in kurzen Hosen über Fraser Island und wurde erst hinterher darüber aufgeklärt, dass dort die giftigsten Spinnen der Welt leben. Hätte man mir das vorher gesagt, wäre ich dort nie hingefahren. Ich hatte mich durch die bisherigen Erfahrungen bei der Bundeswehr sehr eingeigelt und dachte immer und überall über mögliche Risiken nach.

In Australien traf ich nicht auf giftige und gefährliche Tiere, dafür aber auf die „No worries"-Kultur. Sicherheit, Organisation und Disziplin treffen auf „Hey, keine Sorgen, Mann". Das war mein persönlicher Kulturschock. Die Aussis, wie die Einwohner Australiens auch genannt werden, leben die „Komme ich heute nicht, dann komme ich morgen oder irgendwann, wenn es sich vielleicht einrichten lässt"-Philosophie.
Ein Beispiel: Nachdem meine beiden Kameradinnen abgereist waren, räumte auch ich mein Zimmer. Meine Eltern und mein bester Freund

besuchten mich für einen gemeinsamen Urlaub in Australien, und das dann überflüssige Gepäck wurde in der Transportkiste verstaut und war zum Rückversand bereit. Für den Rücktransport hatte ich ein Unternehmen beauftragt, allerdings kamen die Mitarbeiter nicht, so wie wir es vereinbart hatten. Meine Vermieterin sagte gut gelaunt und entspannt: „Du kannst die Sachen hier stehen lassen. Es passiert schon nichts. Irgendwann werden sie schon kommen." Ich dachte kurz nach. Es waren keine Riesenschätze in der Kiste. Wenn sie weg wären, dann gäbe es dafür eine Versicherung oder eine Plastikkarte. Statt Wache zu stehen, hatte ich wirklich Besseres geplant, und nachdem ich kurz das Für und Wider abgewogen hatte, entschied ich mich, den „No worries"-Style auszuprobieren. Wie sich herausstellte, kam meine Kiste tatsächlich irgendwann in Deutschland an.

Die Australier hatten wirklich die Ruhe weg. Ich traf auf braun gebrannte Surferboys unterschiedlichen Alters, die mit breitem Grinsen angeschlappt kamen und „No worries" zu mir sagten, während ich dachte: ‚Was geht bei dir? Ich warte schon ewig. Hau rein!'
So begann mein Semester und so endete es auch. Ich hatte die Reise so geplant, dass ich die maximale Zeit im Ausland verbringen konnte, und flog über Bangkok zurück.

NUR FÜR SCHRÄGE VÖGEL

0:24 Uhr. Ich habe das Gefühl, als hätte ich ewig geschlafen, und bin enttäuscht, dass es nur zwei Stunden waren. Ich verfalle in einen Dämmerzustand. Mein Körper ist schlapp, aber der Kopf wird wach und träumt merkwürdige Dinge. Selten kann ich mich erinnern.

2:47 Uhr. Als ich wach werde, ist meine Nase zu und ich bin verheult. Ich beruhige mich. Der Termin für die Problemlösungsgruppe in der nächsten Woche beschäftigt mich sehr. Wie viel Zeit habe ich? Was kann ich den anderen zumuten? Was sollte ich weglassen? Was ist überflüssig? Was gehört nicht zum Problem? Wie werden sie reagieren?
Ich bin überfordert und stehe auf, denn die Ärztin in der Depressionsgruppe hat gesagt, dass man sich zum Grübeln einen anderen Ort suchen soll. Die negativen Gedanken soll man nicht mit dem Bett verknüpfen. Im Bett wird geschlafen. Ich starte den Rechner. Die Antwortmail an den Inspekteur der Marine beschäftigt mich. Ich sehe sie mir noch einmal an und schicke sie weg. Was soll schon passieren? Weg ist weg, und ich denke nicht mehr darüber nach. Das ist besser. Ich setze mich auf den roten Ledersessel und wickle mich in eine Decke ein. Ich überlege mir einen kurzen Aufbau für die Problemvorstellung, damit ich diesen roten Faden mit der Therapeutin absprechen kann. Bestimmt wird sie mir helfen und mir sagen, was ich weglassen kann. Ich werde mich am Wochenende intensiver damit beschäftigen und alles aufschreiben, um es am Dienstag nur noch abzulesen. Nicht nachdenken, einfach lesen, wie eine Zeitung. Dann muss ich nicht heulen. Denn das wäre nicht hilfreich und würde eher nerven. Wie soll man so verheult denn arbeiten? Als ich den Entschluss gefasst habe, häkle ich meine Mütze weiter. Endlich hat mein Kopf mal Pause. Mitten in der Nacht in eine orangene Decke eingemummelt, mit einer Häkelmütze auf dem Schoß – unnormal. Irgendwann habe ich keine Lust mehr, mich zu konzentrieren. Ich bin eher genervt. Es ist noch dunkel draußen, aber die Vögel beginnen zu zwitschern. Der frühe Vogel erwacht im März um 4:57 Uhr und beginnt sein Tagewerk. Das wollte ich schon immer mal wissen.

Zeit für mich, ins Bett zu verschwinden. Ich schließe die Augen, atme ruhig und folge meinen Gedanken. Um kurz vor halb sieben stehe ich wieder auf, ziehe mich an und beginne meinen eigentlichen Tagesablauf, heute mal mit Walking vor dem Frühstück. Ich besorge mir Stöcke aus dem Gruppenraum und starte mit leerem Magen. Eigentlich hätte ich mir denken können, was nun geschieht. Keine 200 Meter habe ich zurückgelegt, als ich mir wünsche, die Stöcke nicht mitgenommen zu haben. Ich walke allein und mit jedem Meter wird meine Wut größer. Leider kann ich den Morgen nicht genießen. Der Wald und der Hase, der an mir vorbeihoppelt, interessieren mich nicht, weil ich stinksauer bin. Nicht auf die Stöcke oder die Menschen, sondern auf mich selbst. Früher bin ich Halbmarathon gelaufen, und heute spaziere ich mit Stöcken durch den Wald und rede mir ein, dass ich Sport mache. Das nächste Mal lasse ich die Stöcke weg und gehe einfach nur spazieren. Das fühlt sich besser an.

Endlich Frühstück. Danach geht's zum Teamtreffen und zur Gestaltungstherapie. Wir sitzen an unserem Tisch, wo man uns eine kurze Geschichte vorliest. Anschließend haben wir die Aufgabe, ein Bild zu malen und bei der Auswertung Fragen zu beantworten: „Was denkst du? Was fühlst du? Was tust du?" Schon wieder Gefühle und Gedanken. Am besten kann ich abschalten, wenn ich der Frau neben mir beim Malen zusehe. Ihre Bilder sehen toll aus. Sie ist ein sehr kreativer Mensch. Ganz dünn zeichnet sie die Konturen, nimmt Kreide und verwischt alles. Am Ende ist es ein großartiges Bild und ich bin entspannt.

Über die Fragen habe ich weniger nachgedacht. Um mich nicht dem Verdacht auszusetzen, ich hätte nichts getan (ich habe wirklich nichts getan), sage ich ab und zu etwas. Wir sitzen im Anschluss mit dem Therapeuten im Kreis, sprechen über die Bilder und die Fragen und philosophieren darüber, was wohl zuerst in einem Menschen entsteht – das Denken oder das Fühlen. Irgendwie ist das wohl bei jedem anders. Als ich etwas beitrage – ich erinnere mich nicht mehr genau, was es war –, wirkt der Therapeut erschüttert. Vielleicht ist mit mir wirklich etwas nicht in Ordnung. Wieder einmal bin ich erschöpft. Ich ziehe mich in mein Zimmer zurück und lege mich hin.
Wenig später ist für mich eine Massage vorgesehen. Sie findet wieder in diesem unheimlichen „Schlachthofbereich" der Klinik statt. Die Umgebung wirkt kalt und steril, doch das kann die nette Therapeutin ausgleichen. Sie fragt mich freundlich, ob ich Rücken- oder Schulterprobleme habe. Ich teile ihr mit, dass meine Schultern ständig verspannt sind. Was ich nicht erwartet habe: Als sie mit der Behandlung fertig ist, tut mir alles weh. Ich bin völlig kaputt. Ich gehe zurück auf mein Zimmer und lege mich erneut hin. Eigentlich möchte ich nur noch schlafen, weil ich so erledigt bin. Es klappt aber nicht.
Vielleicht finde ich mein Glück in der Entspannungstherapie. Die Stunde wird von der Co-Therapeutin durchgeführt. Sie hat eine angenehme Stimme

und liest langsam und ruhig eine Entspannungsübung vor. Das kenne ich sonst nur von einer CD. Ihre Stimme ist entspannend, aber mein Körper und mein Kopf springen darauf nicht an. Immer wieder schweifen meine Gedanken ab und meine Muskeln verspannen sich. So ist diese Übung wohl nicht gedacht. Ich werde weiter üben müssen.
Die kreative Therapie, die dann auf dem Plan steht, heißt „Materialgruppe" – ich nenne sie „Werken". Wir können uns zwischen den Werkstoffen Speckstein, Ton und Holz entscheiden. Mich interessiert die Kiste mit den Bastelbüchern. Mal sehen was ich nachbauen kann. Die anderen sind schon länger dabei. Sie malen, kneten und sind fröhlich. Wenn ich ehrlich bin, wäre es für mich deutlich entspannter, einfach auf einem Stuhl zu sitzen und ihnen zuzusehen. Aber so funktioniert die Therapie nicht. Ich sehe eine andere Holzarbeit und entscheide mich für das Vogelhaus. Dort kann die Meise im Gartenhaus einziehen. Auf meinem Schildchen wird nicht „Home Sweet Home" stehen, sondern „Nur für schräge Vögel". Ich beginne damit, die einzelnen Teile auf das Holz zu malen, und säge sie aus. Leider sind die 90 Minuten viel zu schnell vorüber. Werken ist eine gute Therapie.

Ich gehe zum dunkelhaarigen Mädchen. Sie hat ein Paket bekommen und ist augenscheinlich sehr glücklich damit. Ich freue mich für sie. Wir machen einen Spaziergang, um die Sonne zu genießen. Sie erzählt mir von ihrem Tag, der gut verlaufen ist. Auf dem Weg zum Abendessen kommen wir auf meine Problemlösungsherausforderung in der nächsten Woche zu sprechen. Ich erzähle ihr einfach ein paar Dinge. Entsetzt schüttelt sie den Kopf. Dann sagt sie: „Nimm nächste Woche Taschentücher mit. Nicht nur für dich, auch für die anderen."

4:23 Uhr. Ich fühle mich erholt. Ich freue mich darüber und schlummere wieder weg. Als ich später aufstehe, kann ich mich an Teile meines Traums erinnern. Ich sah einen kleinen Mops, der flauschiges Kaninchenfell hatte und so groß war wie ein Chihuahua. Was möchte mir mein Unterbewusstsein damit sagen?
Beim Frühstück ist es mir wieder zu laut, aber ich stehe es durch und gehe danach zum Teamtreff. Zwei Mitpatienten verabschieden sich. Danach habe ich fast zwei Stunden Zeit für mich. Ich gehe zurück auf mein Zimmer und lese eine Frauenzeitschrift. Sie wirkt auf mich wie eine Fachzeitschrift, in der viele Themen beschrieben stehen, von denen ich absolut keine Ahnung habe, die für Frauen aber scheinbar wichtig sind: Ich kann testen, welcher Star-Style zu mir passt, und bekomme 33 Schminktipps, die jede Frau kennen sollte. Momentan sieht es bei mir eher so aus, als hätte ich blauen Lidschatten unter meine Augen gerieben.

Vielleicht ist in dieser Phase ein wenig Schminke nicht die schlechteste Idee. Nach den zwei Stunden – ich bin lange mit der Zeitschrift fertig – gehe ich zur Therapiestunde. Heute sind es nur 20 Minuten. Die Therapeutin fragt mich, wie es mir geht. Meine Antwort fällt knapp aus: „Geht so."
Sie hakt nach: „Geht so – eher gut oder eher schlecht?"
„Eher schlecht", antworte ich ehrlich. Als sie wissen möchte, wie ich mir meinen Zustand erkläre, erzähle ich ihr, dass mir manche Therapiestunden wirklich zu denken geben, und spreche von der Gestaltungstherapie. Sie meint, dass es gut sei, wenn meine Gedanken angeregt würden, denn so würde ich erkennen, dass ich gegen meine Situation etwas tun könne.

Wir sprechen über die letzte Therapiestunde. Ich berichte von den Kopfschmerzen. Auch diese Stunde hat mir sehr zu denken gegeben. Die Therapeutin sagt, dass sie ihre Aufgabe darin sieht, durch die Fragen meine Erkenntnis anzuregen, was ich alles eingelagert hätte. Sie macht mir Mut und zeigt mir auf, dass es sein Gutes hat, wenn mich die Therapien zum Nachdenken anregen: Ich sei freiwillig hier und könne dann an allem arbeiten. Ich müsse es nur zulassen.
Anschließend sprechen wir über die Problemlösegruppe und meine Aufgabe. Ich äußere meine Fragen, und sie gibt mir später dazu einen Bogen, der die Überschrift „Problembeichte" trägt. Darauf sind sechs Punkte verfasst, die ich als Orientierung nutzen kann: „Was ist mein Problem? In welchen Situationen tritt das Problem auf? Wie äußert sich das Problem in meinen Gedanken, Gefühlen und Verhaltensweisen?" Und so weiter.
Da habe ich also einiges zu tun, denn ich soll das Ganze in 20 Minuten abhandeln, damit die Gruppe daran arbeiten kann. Weiterhin ist es meine Aufgabe, ein paar Ziele zu formulieren. Ein wichtiges Ziel ist meine Resozialisierung. Sie findet dieses Ziel gut und gibt mir ein paar anregende Ideen mit auf den Weg: Ich könne zum Beispiel mit den anderen Frauen mal nach Hameln fahren und mir ein weibliches Outfit zulegen. Die Idee finde ich gut. Vielleicht hat ja noch jemand Lust dazu. Ich könne auch mal zur Kosmetik gehen und mich schminken lassen, lautet ein weiterer Tipp. Sie ist der Meinung, dass ich nicht viel Schminke benötige. Ich berichte ihr, dass ich mir gestern eine Zeitschrift gekauft habe, was sie als positiv auffasst:
„Möglicherweise könnten Sie sich dort auch modemäßig inspirieren lassen."
Ich mag die Therapeutin sehr gerne. Sie ist wirklich nett. Abschließend sagt sie, dass ich noch eine Hausaufgabe von ihr bekomme. Ich soll in der nächsten Sitzung „Training sozialer Fertigkeiten" eine Situation üben. Sie meint, dass das alles recht früh sei, aber dass sie es für eine gute Idee halte. Ich könne die Zeit viel effektiver nutzen, denn die erste Woche sei schon vorbei

und viel Zeit bleibe nicht mehr. Sie hat recht. Ich sehe, wie schnell die Zeit vergeht.

Ich gehe zur Genussgruppe. Hier geht es darum, sich auch im Alltag einfach mal Zeit zu nehmen, um die kleinen, schönen Dinge des Lebens zu genießen. Heute fühlen wir verschiedene Dinge. Zuerst reicht die Therapeutin unterschiedliche Bälle herum. Manche Bälle sind mit Noppen besetzt, andere haben eine glatte oder angeraute Oberfläche. Dann gibt sie Tüten mit unterschiedlichen Haaren und Wolle herum. Das ist eklig – zumindest für mich.
Wir sollen sagen, wie es sich anfühlt. Es ist schwer für mich, Dinge zu beschreiben, die ich in der Hand halte und fühle. Als Nächstes bekommen wir unterschiedliche getrocknete Früchte, Kerne, Hülsen und Nüsse zum Fühlen. Auch hier wird alles genau ausgewertet. In der Gruppe haben wir viel Spaß, es kommen jede Menge lustige Anmerkungen und Vorschläge. Die Zeit vergeht schnell. Zum Schluss erfühlen wir Gegenstände in abgedeckten Schalen, deren Inhalte wir nicht sehen. Für manche ist es eine Herausforderung, weil sie vertrauen müssen, dass keine Würmer in den Schalen sind. Der Gesichtsausdruck mancher Leute ist unbezahlbar und die Stimmung gelöst und heiter.

Bei der EEG[24] *wird mir eine Haube aufgesetzt und unterschiedliche Elektroden werden auf meinem Kopf angebracht. Wenn es denn hilft. Die junge Frau erklärt mir alles und ist ganz vorsichtig, weil sie Angst hat, an meinen Haaren zu ziehen. Ihr „Gefussel“ auf meinem Kopf entspannt mich und ich könnte ewig hier sitzen. Dann soll ich die Augen schließen. Als sie das Gerät einschaltet, merke ich eine Strömung in meinem Kopf und habe das Gefühl, dass mein Gehirn eine Achterbewegung vollführt. Das ist nicht unangenehm. Das Gefühl verschwindet nach einer Weile. Dann soll ich die Augen öffnen und wieder schließen, irgendwann soll ich schneller atmen. Nach 15 Minuten ist alles vorbei und sie baut ihre Gerätschaft von meinem Kopf wieder ab. Ich verabschiede mich von ihr und gehe zur nächsten Aktivität in die Sporthalle.*
Wir spielen Federball. Es ist kein Wettkampf, sondern ein lockeres Bewegen. Ich genieße es, ohne Druck nur ein wenig einen Federball über ein Netz zu schlagen. Die Zeit bis zum Abendessen nutze ich auf dem Balkon in der Sonne. Ich beginne, meine Problembeichte vorzubereiten.

---

[24] Elektroenzephalografie (EEG): Methode zur Messung der Hirnaktivität.

4:06 Uhr. Ich döse noch ein wenig und freue mich, dass ich bald aufstehen und zum Walken gehen kann. Die Stöcke lasse ich diesmal weg. Meine Laune ist auch deutlich besser. Ich nehme mir vor, mich an Gruppenaktivitäten zu beteiligen. Am Wochenende bohrt ja niemand in meinem Hirn, da bin ich bestimmt nicht so schlapp, müde und traurig.

Ich warte direkt im Anschluss im Raum auf die Problemlösegruppentherapie. Die Therapeutin fragt, ob ich den freien Termin am Dienstag nutzen möchte. Ich lache und sage: „Das haben Sie doch schon festgelegt. Ich wusste gar nicht, dass ich noch wählen kann."
Sie erwidert, dass es selbstverständlich kein Zwang sei, und lächelt verschmitzt. „Sehr gerne nehme ich den Termin wahr", erkläre ich. Ich habe ja am Wochenende genügend Zeit, alles in eine Form zu bringen. Doch heute ist erst einmal eine Pastorin dran. Während sie ihre Geschichte vorträgt, wundere ich mich darüber, denn ich dachte immer, dass diese Menschen durch ihren Glauben an Gott mit sich und der Welt im Reinen seien. Auf der anderen Seite sind auch Angestellte der Kirche ganz normale Menschen mit Ängsten und Sorgen. Wieso sollte das Leben an ihnen spurlos vorbeiziehen? Zu Beginn ist sie sehr angespannt und nervös, doch nachdem sie ihre Lebensgeschichte beendet hat, wirkt sie gelöst und erleichtert, sich ihre Beichte von der Gruppe abgenommen lassen zu haben. Die Gruppe erarbeitet die verschiedenen Probleme, Ziele und Lösungsvorschläge. Auch ich kann zwei Dinge beisteuern und freue mich über mich selbst. Ich hoffe, dass es ihr bald besser geht und sie alle ihre Ziele nach und nach verwirklichen kann. Beim Gedanken daran, dass ich am kommenden Dienstag dort sitzen werde, bekomme ich starkes Herzklopfen. Auf der anderen Seite ist es dann erledigt und raus.

Am Nachmittag gehe ich mit dem dunkelhaarigen Mädchen und der Kreativen in die Stadt. Ich möchte mich beraten lassen. Die Kreative sucht ein Oberteil für mich aus. Ich probiere es an und lache mich in der Umkleide kaputt. Das Teil sieht an mir aus wie ein Kartoffelsack. Also wieder umziehen, raus aus dem Laden und sofort rein in einen anderen. Normalerweise würde ich in diese Läden nie hineingehen, weil sie mich nicht ansprechen. Im nächsten Geschäft werden mir verschiedene Blusen vorgelegt. Also wieder rein in die Umkleide und anprobieren. Ich kann mich nicht entscheiden und hänge alles wieder zurück. Dann setze ich mich auf einen Stuhl und warte. Das mache ich beim Einkaufen am liebsten: sitzen und warten. Dabei habe ich keinen Stress. Die anderen sind wie fleißige Arbeiterbienen, sie suchen und finden Klamotten, probieren sie an, staunen und nesteln an sich herum. Die Entscheidungen sind aber auch wirklich schwer. Immer wieder werde ich aufgefordert, herumzulaufen und ebenfalls Sachen zu suchen. Dazu habe ich aber keine Lust.

Das ganze Hin und Her, immer wieder an- und ausziehen, geht mir auf die Nerven. Am Ende nehme ich eine Bluse mit, damit ich meine Ruhe habe. Eigentlich möchte ich lieber ein Eis essen, aber mitgegangen, mitgefangen. So schnell geht das alles nicht. Unsere Shoppingtour setzt sich im Laden gegenüber weiter fort. Denn was ich nicht wusste: Ich brauche ja noch ein passendes Tuch für meine Bluse. Das Tuch ist schnell gefunden und gekauft. Die Kreative hat wirklich einen sehr guten Geschmack und kann Farben und Muster geschickt kombinieren. Sie näht sich die meisten ihrer Sachen selbst. Dann geht es in den nächsten Laden, und als ich wieder rauskomme, habe ich eine zweite Bluse mit passendem Schal. Na, wer sagt's denn. Geht doch. Es gibt aber noch immer kein Eis als Belohnung. Zunächst müssen wir noch in den Schuhladen. Hier kann ich wirklich einfach nur rumsitzen und zusehen. Schuhe habe ich zu Hause wahrlich genug.

Um 19:00 Uhr treffen sich alle am „Landgangsbuch" und gehen in die „Spelunke". Ich habe meine neuen Klamotten an und werde bewundert. Das hätte ich nicht gedacht. Alle stellen fest, dass ich jetzt tatsächlich mal aussehe wie eine Frau und dass mir die Farben sehr gut stehen.[25]*25 Ich würde frischer aussehen als vorher. Tatsächlich fühle ich mich auch besser und genieße den Abend. Dem dunkelhaarigen Mädchen geht es genauso. Wir tanzen ausgelassen und dürfen die Zeit nicht vergessen, denn wir müssen pünktlich zurück in der Klinik sein.*

Beim Zähneputzen vor der Nachtruhe schaue ich in den Spiegel und beschließe, morgen ein wenig mehr aus meinen Haaren zu machen.

---

[25] Ich legte im Verlauf meiner Bundeswehrzeit immer weniger Wert auf meine Kleidung. In der Regel waren die Teile schwarz, braun oder grau. Ich trug grundsätzlich Hosen, und die Oberteile waren meist viel zu weit, als wollte ich meine Weiblichkeit verbergen.

AUSSTELLUNGEN - NICHT NUR IM MUSEUM

Ärztliche Untersuchung

Am Samstag kann ich ausschlafen – bis um 5:00 Uhr. Ich empfange ein Lunchpaket. Es besteht aus zwei Klappstullen, einem Apfel, einer Banane, einem Müsliriegel, 0,5 l Wasser und 0,5 l Durstlöscher-Zuckerwasser. Mit meinem Mittagessen, meinem Impf- und Röntgenausweis und Schreibunterlagen im Rucksack trete ich mit den anderen Kameraden im Sportanzug auf dem Nordhof an. Wir gehen los, wie immer in Formation, an der Wasserfront entlang und biegen nach rechts in den Bootshafen ab. Weiter geht es einen kleinen Schleichweg entlang, dann müssen wir einige Stufen nehmen bis zur unweit gelegenen Schule für Strategische Aufklärung der Bundeswehr, deren Sanitätsbereich auch von den Soldaten der Marineschule genutzt wird.

Als wir die Anmeldung erreichen, werde ich nach meinem Namen und meiner PK gefragt. Ich erhalte einen langen Fragebogen und einen Laufzettel mit den verschiedenen Stationen: Zahnarzt, Lungenfunktionstest, Hör- und Sehtest, Blutabnahme und die Untersuchung beim Truppenarzt. Zwischen den Stationen heißt es wieder stehen, warten und Geduld haben.

Damit uns nicht zu langweilig wird, laufen die Gruppenführer durch die Gänge und stellen unentwegt Fragen. Sehr penibel überprüfen sie, ob wir die Dienstgrade und die unterschiedlichen Bezeichnungen der Führungskräfte von Heer, Luftwaffe und Marine schon kennen. Wir sind angehalten, die Stützpunkte und Einheiten der Marine zu kennen, und sollten wissen, wer aktuell das Amt des Bundeskanzlers bekleidet, wer Bundespräsident, Verteidigungsminister, Generalinspekteur und Inspekteur der Marine ist. Immer und immer wieder. Zwischendurch esse ich mein Lunchpaket. Die Sitzmöglichkeiten sind limitiert. Das ist jedoch keine Einladung, um auf dem Fußboden Platz zu nehmen. Wer es versucht, wird von einem Gruppenführer hochgescheucht. „Ein Stuhl oder eine Bank ist zum Sitzen da. Der Boden ist schmutzig. Auf, auf!“
Hier soll es schmutzig sein? ‚Wir sind doch im Sanitätsbereich‘, denke ich mir.

„Sofort hoch jetzt!"
Alle springen auf.

Trotz offener Fenster ist es sehr heiß. Der Schweiß sucht sich seinen Weg, obwohl ich nur rumstehe und warte. Die Getränke wirken wie der sprichwörtliche Tropfen auf dem heißen Stein, und spätestens nach dem Belastungs-EKG auf dem Fahrradergometer kippen die ersten Kameraden um. Mir ist nach dem Belastungs-EKG ebenfalls flau im Magen, auch ich bin überanstrengt und sehe kurz ein paar schwarze Punkte. Beim Truppenarzt muss ich mich bis auf die Unterwäsche ausziehen und werde mit einem kalten Stethoskop abgehört. Er prüft meinen Laufzettel und stellt diverse Fragen. Gleichzeitig prüft er die Borddiensttauglichkeit und die Höhentauglichkeit für die Gorch Fock. Medizinisches Urteil: Ich bin gesund und geeignet für die Ausbildung. Es kann losgehen.

Frühsport

Statt Ausschlafen und gemütlichem Sonntagsbrunch ist nach dem gnadenlosen Fünf-Uhr-Wecken der erste Frühsport in meiner Bundeswehrkarriere angesagt. Wie jeden Morgen stehe ich im Schlafanzug vor der Stubentür. Der Gruppenführer befiehlt: „Anzug: Sportanzug kurz mit Jacke, weiße Socken, Turnschuhe. Antreten auf dem Musterungsplatz in zwei Minuten. Marsch, marsch!"
Und schon ist Bewegung in allen Stuben. Ich spurtete zu meinem Spind und suche meinen Sportanzug. Die kurze Sporthose ist so knapp, dass ich das Gefühl habe, mein halber Po ist zu sehen. Ich bin froh, dass ich mir Sportunterwäsche gekauft habe, und zupfe die Sporthose, soweit es geht, nach unten. Nun möchte ich noch schnell mein Bett machen, doch daraus wird nichts. Die Gruppenführer brüllen über den Gang: „Hauen Sie rein! Wir haben jetzt Frühsport, Sie dürfen also gerne auch laufen. Sehen Sie zuuuuu!" Das Bett muss also warten und ich hetze auf den Hof ohne einen Bissen im Magen. Das macht keine Freude.

Es ist schwierig, den richtigen Platz zu finden. Die Kameraden vor, neben und hinter mir fehlen noch. Das Gebrüll auf allen Stockwerken der Schule wird lauter, die Schritte schneller, und auf dem Hof wimmelt es nur so von Soldaten im Sportanzug. Irgendwann ist auch der Letzte des Zuges angekommen und es folgt erst mal eine Standpauke, dass das viel zu lange gedauert habe. Wie alle anderen Züge üben wir daraufhin „schnelles

Antreten" und werden zurück auf unsere Stuben geschickt: „Im Laufschritt – marsch, marsch!"
Antreten und wegtreten und antreten und wegtreten, bis wir aus Sicht der Gruppenführer schnell genug sind. Nun beginnt der eigentliche Frühsport.
„Die Trödelzeit holen wir schon wieder auf", höre ich einen Ausbilder sagen.

Nach ein paar Minuten brechen die Ersten den Lauf ab und halten sich die Seiten. Ich gehöre nicht dazu. Die langsameren Kameraden werden lautstark motiviert, die Formation einzuhalten, doch es gelingt ihnen nicht. Ein paar Meter weiter halten wir an, damit die Schwächsten verschnaufen können.
„Damit die anderen nicht kalt werden, machen wir Liegestütze. In den Liegestütz fallen! Ich zähle vor und Sie zählen nach. Wir sind Zug 21 Charlie, also wissen Sie auch, wie viele Liegestützen wir machen. Eins!"
Der ganze Zug wiederholt bei jedem einzelnen Liegestütz die Zahl. Nach den Liegestützen folgen Sit-ups. Zwischendurch fragt der Gruppenführer die Kameraden freundlich gespielt: „Geht es Ihnen besser? Nein? Dann machen wir hier weiter."
Mein Magen brüllt mit dem Gruppenführer um die Wette. Ich habe so einen Hunger. Sport, Hunger und Müdigkeit lassen mich innerlich grummeln.

Kurze Zeit später haben die Kameraden die Spielregeln des Frühsports verstanden und auch deren Arme und Beine bilden „rotierende Scheiben". Währenddessen stelle ich mir vor, dass ich bald neue T-Shirts benötige, weil meine Muskeln ins Unendliche wachsen. Im Laufschritt bekommen wir eine schnelle Führung über das Gelände, treppauf, treppab. Im Bootshafen erklärt uns der Gruppenführer: „Hier werden Sie Ihre Bootsausbildung machen. Übrigens wird die Freitreppe immer von unten nach oben gelaufen. Und wer nach mir ankommt, darf alle Stufen noch einmal nehmen.[26]"
Heute bleibt uns das immerhin erspart. Wir nehmen den Weg am Zaun entlang und biegen in den Wald ein. Vorbei an den denkmalgeschützten Baracken, wo unsere Englischausbildung stattfinden wird, am Sportplatz entlang bis zur Schwimmhalle und wieder auf den Nordhof. Anschließend dürfen wir im Laufschritt auf unsere Stuben wegtreten und duschen.

[26] Die Freitreppe hat insgesamt 104 Stufen.

Wenig Zeit und zu viert im Bad. Keine von uns braucht länger als 90 Sekunden für die Dusche. Haarewaschen ist, wenn überhaupt, abends noch möglich. Wir ziehen uns schnell an, und schon kommt der nächste Pfiff und ein „Zug 21 Charlie, Schott! Zum Reinschiff raustreten!" Das heißt: Putzen. Während wir das Putzzeug holen, überlege ich mir, wer heute Nacht wohl etwas schmutzig gemacht haben könnte. Ich bekomme keine Antwort, da ich mich nicht traue, die Frage zu stellen. Ich bin auf unserer Stube eingeteilt, bringe den Müll raus, wische alle Oberflächen ab und fege die Stube aus. Wir haben nur ein paar Minuten Zeit.

Tagesdienst: Morgenmusterung, Unterricht und Stubendurchgang

Wie ich einen Sportanzug anziehe, weiß ich – aber ich habe ja noch weitere Uniformen im Schrank und stehe vor einer neuen Herausforderung. Zum ersten Mal wird die Uniform „Feldanzug" befohlen. Das ist die grün-braun gemusterte Flecktarn-Uniform und sie wird in den folgenden sechs Wochen unser Tagesdienstanzug sein. Nach dem Duschen ziehe ich ein Paar weiße Socken, die kratzigen schwarzen Stiefelwollsocken und das grüne T-Shirt an. Über das T-Shirt ziehe ich die Feldbluse. Ich mache den Reißverschluss zu und drücke die Knöpfe von unten nach oben zusammen. Gürtel in die Hose, Hose an, fast fertig. Es wird gepfiffen und ich renne schnell ohne Stiefel vor die Tür. Ich bin einfach zu langsam. Es gibt aber auch Kameraden, die nur in Unterhose dastehen. Wir sollen sofort wieder wegtreten und uns richtig anziehen. Nach einer Minute wird wieder gepfiffen. Ich stehe angezogen vor der Tür und stelle fest, dass die Seekadetten etwas anders aussehen. Groll steigt in mir auf. Was ist anders? Und dann erkenne ich den kleinen, doch feinen Unterschied: Die Ärmel ihrer Feldbluse sind hochgekrempelt und die Hosenbeine sind viel kürzer und enden leicht plusterig über dem Stiefelschaft.

Wir sollen wieder wegtreten und unseren Anzug richten. Ich kremple meine Ärmel hoch, als hätte ich Großes vor, mache meine Stiefel auf und stecke die Hosenbeine hinein, zupfe dann das Hosenbein wieder etwas heraus und lege es ordentlich über den oberen Stiefelschaft. Sieht genauso aus wie beim Gruppenführer. So begutachte ich stolz meine Uniform. Es wird wieder gepfiffen. Wir sollen auf dem Deck in „Linie zu einem Glied" antreten. Dann laufen die Vorgesetzten an uns vorbei und korrigieren den Anzug. Der Gruppenführer bleibt vor mir stehen und betrachtet skeptisch meine Uniform. Irgendetwas gefällt ihm nicht.

„Die Ärmel werden ordentlich drei Fingerbreit umgeschlagen. Korrigieren Sie das! Und was haben Sie mit den Hosenbeinen gemacht? Die werden doch nicht in die Stiefel gesteckt. Holen Sie sich sofort Ihre Hosengummis!“
Schnell laufe ich auf meine Stube und krame in meiner Kleinteile-Schublade. Da sind sie ja. Ich schnappe mir zwei Gummis und laufe zurück auf den Flur. Jetzt wird allen gezeigt, wie man sich den Feldanzug richtig anzieht. Wir sind auf dem Gang eine Weile beschäftigt. Am Ende fehlen nur noch die Namensbänder, und da wir noch keine haben, malen wir uns mit einem weißen Edding unsere Namen in Großbuchstaben auf Klettbänder. Nachdem wir alle unseren Feldanzug korrekt tragen, bekommen wir eine Einweisung in die dazugehörige Kopfbedeckung. Die Gruppenführer tragen das sogenannte Schiffchen[27] und wir die Feldmütze. Dann kann man uns auch aus der Entfernung gut unterscheiden.

Anschließend bekommen wir den Befehl, jeden Morgen mit geputzten Stiefeln zur Anzugmusterung auf dem Nordhof zu stehen. Wer keine einwandfreie Uniform trägt und schmutzige Stiefel hat, muss wieder wegtreten. Als wir nach dem ersten Wochenende zu Hause bei der Anzugmusterung stehen, muss manch einer wieder wegtreten. Die Muttis einiger Matrosen haben offenbar am Wochenende nach dem Waschen vergessen, die Mütze, die Dienstgradschlaufen und die Namensbänder wieder einzupacken. Mir passiert das nicht, denn meine Mutti jagt die Uniform komplett durch die Maschine, und meine Tasche packe ich selbst.

Manche Männer haben morgens kaum Zeit, sich zu rasieren. Sie versuchen zu schummeln, werden bei der Kontrolle der Rasur erwischt, zurechtgewiesen und zum Rasieren geschickt. Einer von ihnen hat einen so starken Bartwuchs, dass er an manchen Tagen nach dem Mittagessen von einem Ausbilder gefragt wird: „Wieso haben Sie sich nicht rasiert? Und wer hat denn, bitte schön, bei Ihnen die Morgenmusterung durchgeführt?“
Irgendwann aber haben es dann alle Gruppenführer verstanden, dass es Mutter Natur wirklich sehr gut mit seinen Haaren gemeint hat.
Neben den vereinzelten Sporteinheiten während des Tages gibt es auch noch Sportunterricht und Abendsport: Laufen, Schwimmen, Seilspringen,

---

[27] Das Schiffchen ist bei der Marine eine dunkelblaue Kopfbedeckung und hat eine bootsförmige Form.

Zirkeltraining und Seilklettern. Jedem Matrosen stehen jeweils zwei kurze Sporthosen, zwei T-Shirts und ein langer Sportanzug zur Verfügung. Irgendwie ist die Zeit immer zu knapp – zum Duschen, Essen und Schlafen und vor allem, um das Bett mit perfekten 90-Grad-Winkeln im Kopfkissen zu hinterlassen. Auch, um die Sportsachen so aufzuhängen, dass sie ordentlich durchlüften und trocknen können, reichen sowohl die Zeit als auch der Platz nicht aus. Damit fällt das Durchatmen für die Kleinsten am Ende der Laufgruppe zunehmend schwerer: Pumakäfig lässt grüßen. Irgendwann atme ich nur noch durch den Mund, um meine Geruchsnerven zu schonen.

Das ist jedoch nicht der einzige Grund, warum mir beim Frühsport schlecht wird. Mir bekommt der Drill auf nüchternen Magen nicht. Immerhin: Mein Gruppenführer erlaubt mir, morgens einen Müsliriegel oder eine Banane zu essen. Sein Statement: „Dann schmeckt es wenigstens süß beim Kotzen." Er setzt seine Ernährungsberatung mit den Worten fort, dass er aus Erfahrung wisse, dass Müsliriegel im Hals kratzen, Bananen jedoch nicht. Wir lachen beide.

Wir haben Unterricht in Truppenkunde, Recht, Wach- und Formaldienst. Beim Formaldienst lernen wir, wie wir richtig marschieren und welche Kommandos gegeben werden. In der vorletzten Woche lernen wir den Marsch nach Musik. Während des Marschierens begleiten wir uns selbst mit Gesang, und das geht so: „Wir lagen vor Madagaskar und hatten die Pest an Bord. In den Fässern, da faulte das Wasser, und täglich ging einer über Bord. Ahoi, Kameraden! Ahoi, ahoi!"
Meine Musiklehrerin wäre bei dem Gegröle vermutlich davongerannt.

Während der Unterrichtsstunden im Klassenraum kämpfen wir gemeinsam gegen die Müdigkeit und versuchen, uns wach zu halten. Manche schlafen mit offenen Augen. Das merkt man zum Beispiel daran, dass diejenigen keine noch so leichte Frage beantworten können. Natürlich gibt es immer wieder Erfolgskontrollen und Leistungsnachweise. Wir müssen den Text der Nationalhymne aufschreiben, einen Test zu den Dienstgraden bestehen und haben die Grußabnahme. Erst mit Bestehen derselben dürfen wir den Vorgesetzten formal militärisch grüßen – mit der Hand am Rand der Kopfbedeckung.

Die Gruppenführer kontrollieren die Stuben, während wir im Unterricht sitzen. Anfangs denke ich noch, man könne die Stube gar nicht unordentlich hinterlassen, doch ich werde schnell eines Besseren belehrt.

So habe ich zum Beispiel vergessen, meinen Übungstampen, ein ca. 50 cm langes Seil, um die wichtigsten Knoten zu üben, im Spind zu verstauen. Andere lassen ihr Handyladekabel liegen oder den Spind offen. Wir erfahren, dass das sogenannte „Ausstellungen“ sind. Im Museum sind diese gewünscht, bei der Bundeswehr nicht. „Mangel abstellen“ heißt es dann.
Wie viele dieser Ausstellungen die Vorgesetzten gezählt haben, so viele Liegestütze machen wir anschließend auf dem Innenhof. Die Hände werden rauer, die Muskeln fester. Einige Tage später haben wir verstanden, wie die Stuben auszusehen haben. Es liegt nichts mehr rum, alle Schränke sind verschlossen und es sieht bis auf die gemachten Betten nahezu unbewohnt aus.

Nun erfolgt die Kontrolle. Wir bekommen den Befehl, vor den Stuben anzutreten. Während wir in Reih und Glied stehen, besichtigt der Zugführer die Stuben gemeinsam mit den Matrosen, die dort leben.
Als er unsere Stube betritt, befiehlt er: „Spind auf!“
Wir wiederholen „Spind auf!“ und öffnen alle Spindtüren sowie unseren Rollcontainer. Mal fällt die Reaktion lauter aus, mal leiser. Ungehalten ist er, wenn jemand die Klamotten in die Schränke gepresst hat. Bei mir ist es eher leiser. Mein Rucksack ist im Spind gelandet, wo er nicht hingehört, der Bundesadler auf dem Sportanzug ist nicht richtig zu sehen und mein Taschenmesser hat nicht die richtige Position und liegt fälschlicherweise nur so in der Schublade. Mitgefangen, mitgehangen. Wir sind alle ein Zug und finden uns gemeinsam im Nordhof in der Position „Liegestütz“ wieder, um uns an den gemeinschaftlichen Fehlern abzuarbeiten. Damit es nicht langweilig wird und wir die Stuben- und Spindordnung besser verinnerlichen, hat sich der Zugführer etwas besonders Kreatives ausgedacht. Bei jedem Liegestütz ruft er eine Silbe und wir wiederholen: „Ich ha-be mei-ne Stu-be or-dent-lich zu-hin-ter-las-sen. Der Spind ist immer auf-ge-räumt und ver-schlos-sen. Die Hand-tü-cher sind auf dem Hand-tuch-trock-ner auf-zu-hän-gen.“

Unsere Gruppenführer können sich das Lachen kaum verkneifen. Auch Kindergartenkinder hätten viel Freude bei den Wortspielen gehabt. Lachen, wenn es nicht sein darf, und dann nicht aufhören können. Der Fähnrich hingegen verzieht keine Miene und schaut finster drein. Mir tun die Arme von den Liegestützen und der Bauch von den Sit-ups und vom Lachen weh. Nach diesen sechs Wochen bin ich körperlich in Höchstform.

Kutterpullen

Niemand von uns weiß, was uns erwartet, als der Gruppenführer befiehlt: „Zum Kutterpullen! Anzug: Bega mit weißen Socken und Turnschuhen."
Zum ersten Mal tragen wir den Bord- und Gefechtsanzug (kurz ausgesprochen „Bega", geschrieben BGA), bestehend aus dunkelblauer Hose und hellblauem Hemd.
Wir gehen zum Bootshafen und statten die Kutter, zwei ungefähr acht Meter lange Boote, mit Inventar aus: eine Schwimmweste für jeden an Bord und zwei Ersatzschwimmwesten, falls der Schulkommandeur oder der Inspekteur der Marine mitfahren wollen; einen Riemen (Paddel) für jeden von uns; zwei Bootshaken als Hilfsmittel; ein Ruderblatt und eine Pinne (Steuerknüppel) für den Gruppenführer und eine Pütz (Eimer) für den Fall eines unerwarteten Wassereinbruchs.

Der Zug wird in zwei Teams aufgeteilt, welche die beiden Boote besetzen. Mithilfe der Bootshaken legen wir ab und pullen auf die Flensburger Förde. Dort bekommen wir eine Einweisung in die Kommandos und dann üben wir, wie man einen Kutter pullt, kurz gesagt: durch Ruderkraft antreibt. Mit Muskelkater von den Liegestützen kommt Freude auf, als wir die Flensburger Förde hoch- und runterschippern. Manchmal fahren wir bis in den Hafen und gucken uns die Hausboote an. Es gibt einen Backbord- und einen Steuerbordschlagmann, der auch eine Frau sein kann. Er übernimmt das Kommando, wenn der Kutterführer (Gruppenführer) keine Lust mehr hat, die Kommandos anzuzählen.

Wenn zu viele zur Mannschaft gehören, dann gibt es eine Bugjungfer, die auch ein Mann sein kann. Sie sitzt im Bug und kann sich ausruhen.
„Wir haben kein Wasser im Kutter, aber damit wir die Pütz nicht umsonst mitgeführt haben, nutzen wir sie als Trainingsgerät."
Ehe wir uns versehen, hat der Gruppenführer den Eimer an einen Tampen (Seil) gebunden und außenbords geworfen. Da geht das Pullen gleich mal ein wenig schwerer. Nach den ersten Unterrichtsstunden bilden sich Schwielen an den Händen.
„Das ist schon mal ein Vorgeschmack auf die Gorch Fock", frohlocken die Ausbilder. Trotz der Anstrengung mag ich diesen Unterricht am meisten, einfach weil wir an der frischen Luft sind und manchmal die Kutter um die Wette pullen.
Nachdem wir die Kommandos kennen, werden die Manöver schwieriger. Wir fahren durch die Dalben (eingerammte Pfähle im Hafengrund zum

Befestigen von Booten). Da müssen jedes Kommando und der dazugehörige Handschlag sitzen. Schnell zu reagieren ist auch wichtig. Auf das Kommando „Lass laufen!" bekomme ich meinen Riemen nicht schnell genug aus dem Wasser gehoben. Er verkeilt sich und die physikalischen Kräfte wirken gegen meine Armkraft. Wie in Zeitlupe fährt der Kutter weiter. Der Riemen ächzt noch einmal laut, dann splittert das Holz und der Riemen zerbricht mit einem knirschenden Geräusch am Dalben in zwei Hälften. Die Augen gesenkt, warte ich nur auf das Donnerwetter. Alle starren mich an, die Kameraden schauen mitleidig oder entsetzt nach dem Motto: „Puh, zum Glück ist mir das nicht passiert."
Gemeinsam schauen wir den Gruppenführer an. Er runzelt zunächst die Stirn und grinst dann verschmitzt, als er sagt: „Mir scheint, wir müssen noch mehr Liegestütze machen."

Nach dem Kutterpullen lerne ich meine nächste Lektion in Sachen Administration. Ich muss meine erste Sachschadensmeldung schreiben, klischeegemäß selbstverständlich in dreifacher Ausfertigung – ohne Durchschlagpapier. Damit ist das Thema allerdings noch nicht ausgestanden. In der letzten Woche der Soldatischen Basis geben die Gruppenführer Getränke und Eis im Kutter aus. Wir genießen die Sonne und lachen dabei über mein Missgeschick.

BIS ZUR HÖLLE UND ZURÜCK

An einem verregneten Morgen wache ich auf. Ich war nur zweimal wach. Das dunkelhaarige Mädchen berichtete mir, ihre Schlafstörungsgruppe habe ihr davon abgeraten, nachts auf die Uhr zu sehen, weswegen ich den gleichen Rat befolge.

Als ich später mit mehreren Frauen in die Stadt gehe, mache ich sofort einen Abstecher zum Friseur. Ich möchte mir den Pony anders schneiden lassen als sonst. Mir fällt es schwer zu erklären, was ich will, weil ich nicht weiß, wie es heißt. (Von Frisuren habe ich keine Ahnung.)
Die Friseurin ist gut, sie findet durch Nachfragen heraus, was ich mir vorstelle, und schon nach wenigen Minuten bin ich fertig. Das Ergebnis kann sich sehen lassen. Nachdem ich das Friseurgeschäft verlassen habe, kaufe ich mir zwei Packungen Haartönung und suche die anderen. Sie sind im Geschäft nebenan und probieren Schals an. Eine von ihnen ist enttäuscht, weil ich mich nicht von meinem langen Zopf getrennt habe. „Ich wollte ja nur ein wenig mehr aus meinen Haaren machen", erkläre ich ihr. Die Haartönung, die ich in den Händen halte, gefällt meinen Begleiterinnen nicht, daher tausche ich sie um und nehme eine andere Farbe.

Zurück in der Klinik beschäftige ich mich mit meiner Problembeichte. Länger lässt sich das nicht mehr aufschieben. Die Stunde der Wahrheit rückt näher und ich komme nicht mehr drum herum, mich ernsthaft mit meinem Leben auseinanderzusetzen. Beim Abendessen unterhalte ich mich mit einem anderen Kameraden und stelle erneut fest, dass er ebenfalls ein „Systemfehler" ist. Ich bin also definitiv nicht allein.

Am Sonntagnachmittag sind wir alle zum Eisessen verabredet. Wir machen wieder unseren 14:30-Uhr-Sonntagsspaziergang. Mir ist nach meinem Schokoladeneisbecher so kalt, dass ich anschließend noch einen heißen Milchkaffee trinke, um mich wieder aufzuwärmen. Diese Sonntage sind herrlich und ich freue mich, dass ich so tolle Menschen kennengelernt habe. Ein paar der Mädels wollen noch in die Stadt zum Bummeln. Hier haben auch am Sonntag einige Geschäfte geöffnet. Wir betreten einen Laden, in dem wir in der vergangenen Woche schon waren. Dort stehen noch immer diese niedlichen Puppenschuhe in meiner Größe. Ich ziehe sie an und sie passen wie angegossen. Dass ich sie gekauft habe, macht mich sehr glücklich und ich beschließe, dass ich die Schuhe erst auspacken und mir selbst schenken werde, wenn ich meine Problembeichte hinter mich gebracht habe.

Nach dem Abendessen gehen alle Cocktails trinken. Obwohl sich meine Lust in Grenzen hält, raffe ich mich auf und gehe mit. Mein Pate fährt nächste Woche nach Hause und ich möchte mit meiner Anwesenheit meine Dankbarkeit ihm gegenüber zum Ausdruck bringen. Wir sitzen nebeneinander, trinken einen Gin Tonic und plaudern nett miteinander. Die Gespräche haben nichts mit Arbeit zu tun. Mein Pate ist ein wirklich lieber Kerl. Ich bin froh, ihn kennengelernt zu haben.

Ich komme in meinem Zimmer an und bearbeite meine Problembeichte weiter. Dabei beschränke ich mich auf das Wesentliche, damit alle anderen nachvollziehen können, warum ich so bin, wie ich bin. Als ich die Arbeit beende, tun mir die Augen weh und mein rechtes Ohr piept mal wieder. Ich bin froh, wenn ich die Beichte am Dienstag hinter mir habe.

Im Teamtreff bekomme ich meinen neuen Stundenplan. Er ist gut gefüllt und ich beginne die neue Woche wieder mit der Gestaltungstherapie. Heute spielen wir „Maler und Pinsel". Wir finden uns in Zweiergruppen zusammen und müssen jeweils ein Blatt bemalen. Dafür dürfen wir nur Fingerfarbe und die Finger der anderen Person benutzen. Ich stelle mich zunächst als Pinsel zur Verfügung. Mit dieser Übung soll man lernen, auch mal Verantwortung abzugeben und anderen zu vertrauen. Das ist einfach. Völlig teilnahmslos sitze ich herum und lasse meinen Finger in Farbe tunken. Ganz vorsichtig beginnt meine Malerin, meinen Finger über das Papier zu führen. Irgendwann wird es ihr zu bunt: Sie nimmt meine gesamte Hand und schmiert sie mit Farbe ein. Somit füllt sich das Blatt viel schneller. Dann tauschen wir die Rollen.

Nun bin ich Gestalterin. Leider kann ich nicht in Ruhe zu Ende malen, denn der Therapeut beginnt mich zu hetzen, weil ich die Letzte bin, die noch nicht fertig ist, und alle auf mich warten müssen. Er möchte die Stunde auswerten. Da ich die Dinge immer beende, male ich die letzten Kästchen mit meinen eigenen Fingern. Hätte ich mir aber auch sparen können, wie ich danach erfahre, denn die Bilder werden vernichtet. Es ging wie immer nicht um das Ergebnis, sondern um Vertrauen, Angstüberwindung und Nähe zu fremden Menschen.

Beim Training sozialer Fertigkeiten staune ich wie fast immer, in welch krasse Situationen manche Menschen geraten. Ich übernehme in einer Übung die Rolle einer verständnislosen Mutter.

Ich habe einen kurzen Termin bei meiner Therapeutin, um für die Problembeichte die letzten Fragen zu klären. Vor mir kommt der liebe kleine Opi aus dem Büro getrottet. Er ist augenscheinlich sehr traurig und verzweifelt. Also nehme ich ihn in den Arm und verspreche ihm, dass wir heute Abend eine Runde spazieren gehen, damit er abgelenkt ist. Im Büro sitze ich wieder mit dem Rücken zur Tür, was sich unbehaglich anfühlt, während ich meiner Therapeutin mitteile, was ich mir überlegt habe. Ich habe das Ganze auf dem Computer geschrieben und möchte es einfach vorlesen, um es möglichst ohne Emotionen zu übermitteln.

In der Depressionsgruppe erarbeiten wir die Symptome der Depression und sehen uns die Depressionsspirale an. Bei Punkt zwei – „kaum/keine positive Rückmeldung" – steige ich ein. Erlebt man das dauerhaft, kann das nicht gut enden. Wir bekommen eine Hausaufgabe und sollen Tätigkeiten aufschreiben, die glücklich machen. Zudem haben wir die Aufgabe, uns selbst dabei zu beobachten, wenn wir diese Tätigkeiten ausführen, um unsere Stimmung einzufangen und diese niederzuschreiben. So habe ich wieder einiges zu tun.

Ich habe Post bekommen. Auf einer der beiden Postkarten ist ein Pferd zu sehen, das Lockenwickler im Pony hat. Auf der anderen ist ein Hund mit pinken Haaren. Aufschrift: „Wenn du eine Pechsträhne hast, färb sie um."
Ich freue mich über den Gruß meiner Lieben und gehe zum Abendessen. Am Tisch verabrede ich mich mit dem kleinen Opi und dem dunkelhaarigen Mädchen zum Spaziergang. Wir drehen eine kleine Runde um den Block und sind nach 25 Minuten wieder zurück. Wir wollen jetzt jeden Abend oder in der Mittagspause eine kleine Runde spazieren gehen, um auf andere Gedanken zu kommen. Heute war es allerdings sehr anstrengend, weil der kleine Opi wirklich schlecht drauf war. Ich muss sehen, ob ich das jeden Tag vertragen kann.

Es ist Dienstag. Ich habe sehr unruhig geschlafen und mache mir pausenlos viele Gedanken über diesen Tag. Was werden die anderen über meine Beichte denken und sagen? Wie wird die generelle Situation sein? Und vor allem: Hoffentlich muss ich nicht heulen. Viel zu viele Gedanken kreisen in meinem Kopf. Beim Frühstück bekomme ich kaum einen Bissen hinunter. Das heißt schon etwas, weil das wirklich ausgesprochen selten vorkommt.

Ich richte den Problembeichte-Raum her, doch die Zeit scheint stillzustehen. Ich bin nervös und angespannt, zugleich froh, dass ich mir den Sprechtext vorbereitet habe.

Und dann ist es so weit. Viele Augenpaare sehen mich an, die Ohren sind gespitzt. Ich beginne mit dem Vorlesen. Während ich Wort für Wort und Zeile für Zeile in den Raum entlasse, durchlebe ich die Situationen noch einmal. Kaum bin ich mit dem Vorlesen fertig, breche ich in Tränen aus. Ich bin erleichtert. Jetzt ist es raus. Das erste Mal alles auf einmal. Bevor ich meinen Blick hebe, gehen mir viele Dinge durch den Kopf: Was werden sie wohl sagen? Wie fällt ihr Urteil aus? Bin ich nur eine Heulboje oder ist nachvollziehbar, dass ich so belastet bin?

Ich traue mich und blicke in zwölf entsetzte Augenpaare. Eine Patientin weint. Die Therapeutin lässt mir Zeit, um durchzuatmen, meine Nase zu putzen und meine Augen zu trocknen. „Wir können ruhig weitermachen", sage ich.
Mein Pate ist der Erste, der nach Worten sucht. Er zeigt sich geschockt und lässt mich wissen, dass ich meinen Text in so hoher Geschwindigkeit vorgetragen habe und alle Punkte eingeschlagen seien, dass er kaum durchatmen konnte. Es gab keine Stelle, um gedanklich eine Pause zu machen. Die Therapeutin meint, dass mich der Vortrag sehr angestrengt hat, und verbindet den Vortrag mit meinen Erlebnissen.

Eine andere Patientin fragt mich, wie ich das so lange ausgehalten habe. Die anderen nicken zustimmend. Dann kommen die Verständnisfragen. Die Therapeutin dokumentiert die Dialoge knapp auf dem Flipchart. Zunächst beginnt sie mit der Erfassung des Problems. Dabei geht es viel um meine Gefühle und wie ich die Situationen jeweils erlebt habe. Der Brillenmann, einer der neuen Patienten, projiziert die ganze Problematik auf sich und stellt fest, dass es ihm genauso und noch schlimmer ergangen ist. Gleichzeitig kommen die Fragen zu meinem jetzigen Privatleben, denn das habe ich komplett ausgespart.

Auf den Flipcharts steht am Ende:

Problem

- *alles geben → trotzdem „falsch/nicht genug" → anstrengend, kraftraubend*
- *fehlende Anerkennung/Wertschätzung guter Leistungen und Anstrengungen*
- *„Mobbingerleben"*
- *„Mein Wissen ist nicht erwünscht."*
- *hohes Verantwortungs- und Pflichtbewusstsein*
  → sich verantwortlich fühlen, über alle Eventualitäten nachdenken / grübeln / Druck, andere dürfen schlecht mit mir umgehen?
  → Ich lasse viel mit mir machen.
  → aushalten, leiden
- *Diskrepanz zwischen eigenem Anspruch (moralisch/ fachlich) und beruflicher Realität → Druck erleben*
  → „nicht in den Spiegel schauen können"
  → schlechtes Gewissen
- *Abwertung fürs „Frau-Sein"*
  → mangelhafte Persönlichkeitsentfaltung
- *Minderwertigkeitserleben, Macht- und Hilflosigkeit, Selbstverletzung, „Auskotzen", Schlafstörungen, Essstörungen, Gewichtsverlust, Wut/Ärger*
  → „Belastungen und Gefühle äußern kann ich mir sparen."
  → sich nicht ernst genommen fühlen
- *als anstrengend erlebt, auf andere zuzugehen → Privatleben*

Hintergrund:
kleiner Bruder
Schule/Ort: Mobbing, Ausgrenzung, „Streber"
Marine-DZE[28] *2016*
geschieden → unglückliche Ehe

[28] Dienstzeitende

Dann soll ich meine Ziele formulieren.
Auf dem Flipchart steht am Ende der Stunde:

Ziele

- *Abschluss finden mit negativen Erlebnissen der Bundeswehr*
  → Vorbereitung/positive Perspektive für zivile Zukunft
- *für mich gut sorgen*
- *mehr Frau/ich sein dürfen*
  → sich nicht unterdrücken lassen
  → Selbstbewusstsein stärken
  → mir treu bleiben
- *eigene Belastungen ernst nehmen*
  → frühzeitiger/ehrlicher Austausch
  → Selbstwahrnehmung verbessern
- *mehr Verantwortung für mich/weniger für andere*
  → abgeben lernen
  → sich innerlich von äußeren Anliegen distanzieren
- *meine Emotionen gut nutzen*
  → Gefühle äußern
  → Umgang mit Gefühlen in „ausweglosen" Situationen verbessern
- *zufriedenstellende Partnerschaft*

An dieser Stelle besprechen wir verschiedene Lösungsansätze. Es wird positiv aufgenommen, dass ich bereits selbst vieles erkannt habe. Ich werde alle Lösungsansätze ausprobieren. Zum Schluss steht auf dem Flipchart:

Lösungen

- *Pro-Contra-Rückkehr auf (diverse) Dienstposten → Auseinandersetzungen mit potenziellen Widerständen*
  → Rückkehrgespräche + Ärzte → „in eigener Sache"
  → soziale Betreuung? (Vertreter für eigene Anliegen finden)
- *Wohlbefinden zu Hause fördern*
  → Was tut mir gut? (Garten, Tier, Tierschutzverein ...)
  → bewusster Unterschied zwischen Beruf/Büro und privat/zu Hause
  → gedankliche Auseinandersetzung mit möglichen Aktivitäten tut auch gut

- *Auswahl körperlicher/sportlicher Aktivitäten, z. B. Yoga vs. Entspannung, z. B. Moorpackung*
- *realistische Ziele → sich nicht überfordern*
  → Schritt für Schritt → Geduld mit sich selbst
  → Belohnung für kleine Schritte
  → Will ich alte Ziele überhaupt wieder erreichen?
- *„Ich nehme mir Zeit."*
- *Gelegenheiten fördern, ich selbst sein zu dürfen*
  → mich ausprobieren
  → Tanzen, Shoppen, Tratschen, Zeitschriften
  → mit „verrückten" Menschen umgeben
- *Training sozialer Fähigkeiten*
  → emotionaler Austausch → weiche, warme Worte
  → Selbstlob
  → Grenzen aufzeigen („Das schaffe ich nicht.") → sich gegenüber moralischen Anliegen/Themen abgrenzen

Wir haben die Stunde um fünf Minuten überzogen. Die Therapeutin sagt, dass ich mich heute gar nicht mehr mit dem Problem beschäftigen soll, sondern den restlichen Tag entspannen könne. Ich bin müde und erschöpft. Die Vorbereitung und auch die Stunde waren sehr anstrengend. Ich freue mich auf die Entspannungstherapie. Nach dem Mittagessen sitze ich im roten Sessel, mache nichts und gucke aus dem Fenster. Doch es fühlt sich anders an als noch vor ein paar Wochen.

Nach der Mittagspause stehe ich mit ein paar anderen draußen in der Gruppe. Meine Problemstunde ist noch immer ein Thema. Der Pate bedankt sich bei mir und sagt, dass ihm meine Stunde sehr geholfen habe. Ich verstehe nicht, wie ich ihm geholfen haben könnte, und er erklärt, dass er durch meine Situation erkannt habe, dass es keinen Sinn mache, es noch einmal zu versuchen. Er wird seinen Dienstposten wechseln. Der Brillenmann behauptet: „So wie bei dir war es bei mir auch – nur noch viel schlimmer."
Ich höre nicht weiter zu. Innerlich beginne ich unmittelbar zu kochen, denn ich habe keine Lust, mir seine Probleme anzuhören. Weder bin ich seine Therapeutin, noch möchte ich hören, wie meine Angelegenheit durch Vergleichen heruntergespielt wird. Dann gehe ich in mein Zimmer und bin froh, allein zu sein. Mein Kopf wiegt schwer und mein rechtes Ohr fiept.

In der Angstgruppe lernen wir heute etwas über die Symptome, die der Körper in Angstsituationen zeigt. Ich bin erstaunt, wie viele ich davon bei beruflichen Besprechungen hatte. Von Lähmung, sodass kein Flüchten möglich ist, über Zittern und Herzklopfen bis hin zu Magenschmerzen. Vielleicht bin ich in der Angstgruppe tatsächlich richtig. Ich weiß zwar noch nicht, wovor ich in den jeweiligen Situationen Angst hatte, aber mein Körper hat es mir signalisiert. Schade, dass ich es nicht erkennen konnte. Andere haben Angst vor Warteschlangen, vor vollen, lauten Räumen, Menschenmengen, Höhe, Einkaufen und vor dem Tod. Ich bin froh, dass ich keine Symptome mehr habe, seit ich nichts mehr vom Dienst höre und sehe. Das befreit mich. Unsere Hausaufgabe soll sein, uns bis zur nächsten Stunde zu überlegen, welche spezifischen Ängste wir haben.

Nach dem Schwimmen treffe ich mich mit dem Studi und der Pastorin zum Stadtbummel. Wir gehen ein Eis essen. Für den Monat März habe ich schon eine Menge Eis verdrückt. Doch ich entscheide, dass ich mir dieses Eis verdient habe, genauso wie die hübschen blauen Stiefel, die ich mir am Sonntag gekauft und heute selbst geschenkt habe. Ich wollte mich nach der Problembeichte selbst belohnen. Das empfahl mir auch meine Therapeutin, und sie muss es wissen.

Das erste Mal seit sehr langer Zeit schlafe ich durch. Ich wache auf und bin darüber sehr, sehr glücklich. Eigentlich habe ich keine Lust zum Walken, weil es draußen so grau ist. Dennoch stehe ich auf und mache mich auf den Weg, denn ich weiß, dass es mir hinterher noch besser gehen wird.

Nach dem Teamtreff finde ich mich bei der Gestaltungstherapie wieder und bin gespannt, was ich diesmal malen soll. Heute sollen wir uns mit Wut auseinandersetzen. Wir sollen aufschreiben, was uns wütend macht. Die anderen tragen zusammen: Kinder, die ihre Klamotten nicht wegräumen, Stau, Warteschlangen. Das sind Dinge, die mich überhaupt nicht berühren. Meine Wut war anderer Natur. Sie fuhr mir in die Knochen, wann immer ich auf dem Nachhauseweg war und über den ganzen Tag nachdachte. Ich war so wütend, dass ich laut im Auto herumschrie, bis mir der Hals wehtat. Am nächsten Tag erklärte ich die Heiserkeit mit einer Erkältung und trank brav meinen Kamillentee. Wenn die Wutwelle direkt in der Besprechung auf mich zurollte, dann ging ich danach in mein Büro, schloss die Türen, knallte meinen Terminplaner auf den Tisch, zerbrach Stifte oder trat gegen den Schreibtisch. Mich überkamen Wutheulen und Wut-Tourette und ich ließ fiese Schimpf- und Fluchtiraden los. Es war befreiend, und in meinem kleinen Büro war das auch alles vollkommen in Ordnung. Ich schlug mir mit den Fäusten auf die Oberschenkel. Es kam nur ein Mal vor, dass ich mir die ganze Hand zerkratzte. Das war nicht so gut. Die Kameraden guckten skeptisch und ich musste viele blöde Fragen beantworten. Meine Eltern prüften sogar, ob ich mich ritzte.

In der Sitzung erfahre ich, dass andere verschiedene Gegenstände aus dem Fenster oder Laptops und Handys gegen die Wand werfen. Eine Frau schluckt die Wut einfach runter, allerdings ist das auch nicht gut. Die Wut staut sich im Körper und sorgt in ihrem speziellen Fall dafür, dass sie neben der Wut nur noch Essen schlucken kann, aber keine Getränke mehr runterbekommt. Daher braucht sie täglich Infusionen und landete am Ende auch hier.

Wie man es macht, macht man es falsch. Leider hat auch der Therapeut keine Patentlösung, erklärt dafür aber: „Mit Wut muss man umgehen lernen. Man kann sie nicht einfach ausblenden. Wut gehört, so wie auch Freude, zum Leben einfach dazu."

Am Nachmittag bin ich mit der Therapeutin verabredet. Für heute ist eine lange Sitzung eingeplant. Zunächst möchte sie wissen, wie es mir geht. Ich teile ihr mit, dass mich der Brillenmann wütend gemacht und mich gezwungen hat, mich weiter mit meiner Problematik zu beschäftigen. Sie empfiehlt mir, ihn zu nutzen, um zu lernen, meine Gefühle besser auszudrücken. Ich soll viele Ich-Botschaften senden, damit er versteht, wie es mir geht, wenn er so ist, wie er ist. Dabei könne auch er etwas lernen.

Außerdem soll ich üben, meine Gefühle zu äußern, auch wenn mein Gegenüber diese nicht versteht und abfällig oder gar nicht reagiert. Wir sprechen über die Situationen im Dienst. Ich weiß genau, dass ich kein Dummchen bin und mich für meinen Posten wirklich ins Zeug gelegt habe. Und dennoch wurde die Art, wie ich gearbeitet habe, abgelehnt, was mich sehr traurig macht. Sie war unerwünscht, obwohl ich gute Beurteilungen erhielt. Eigentlich bin ich auch traurig, weil ich nicht schon eher erkannt habe, dass es nicht gewünscht war, die erlernten Dinge anzuwenden. Denken war bei meinen Vorgesetzten nicht erwünscht. Querdenken und vorausschauendes Denken erst recht nicht.

Am Ende sprechen wir über meine körperlichen Signale und wie spät ich diese erst wahrgenommen habe. Ich soll folgenden Satz aufschreiben: „Muss der Leidensdruck erst so hoch sein?"

Es hat schon etwas von Selbstzerstörung. Das kann nicht gut sein. Die Therapeutin schlägt vor, dass ich an der Therapie „Körperwahrnehmung" teilnehme. Gefühle in Situationen wahrnehmen.
‚Schaden kann es nicht', denke ich mir, denn es wurde mir so stark abtrainiert, dass ich scheinbar recht abgestumpft bin.

Als Nächstes empfiehlt mir die Therapeutin, in der kommenden Woche dringend einen Wellnesstag einzulegen – einen Tag, an dem ich mich nur um mich und meinen Körper kümmere. Sie fragt mich, ob ich gerne zum Friseur gehe, und muss selbst dabei lachen, weil ich so lange Haare habe. Ich sage ihr, dass ich manchmal einfach zum Friseur gehe, um mir die Haare waschen und kämmen zu lassen, weil ich es mag, wenn man mir auf dem Kopf rumwuselt.

Dann sprechen wir über andere Dinge und Tätigkeiten, die Frauen angeblich Spaß machen: Kosmetik, Einkaufen, Eis essen, in der Sonne sitzen und ein Buch lesen … Ich frage sie, ob es möglich wäre, für den Tag eine Moorpackung zu bekommen. Anschließend könnte ich wohl mal die Therme aufsuchen und mich in die Sauna legen. Das ist ein guter Therapietag, sehr ungewöhnlich. Die Therapeutin hält diesen Tag für sehr wichtig, also werde ich tun, was sie mir sagt. In der nächsten Woche will sie mit mir meine Problembeichte-Flipcharts durchgehen. Ich soll sie mitbringen, denn eventuell will sie noch das eine oder andere ergänzen. Wir werden über alles noch einmal ganz in Ruhe sprechen. Ich bedanke mich bei ihr und bin sehr froh, dass sie meine Therapeutin ist.

EINE SEEFAHRT, DIE IST LUSTIG

Nachdem ich die Soldatische und die Nautische Basis gemeistert habe, liegt nun der Ausbildungsabschnitt Seemännische Basis vor mir, und das bedeutet, sechs Wochen mit der Gorch Fock zur See zu fahren. Was für ein Erlebnis! Ich lerne viel: über andere, über die traditionelle Seefahrt, über Seekrankheit – und vor allem über mich selbst.

Ich bin im zweiten Törn, der von allen nur der „Sunshine-Törn" genannt wird, und fliege mit meinen Kameraden von Hamburg nach Mallorca. Während der erste Törn ausgeschifft wird, werden wir eingeschifft. Kindisch lache ich über das Wort „einschiffen". Ich muss mich noch an die Sprache der Marine gewöhnen, ohne zu lachen.

Als wir mitten in der Nacht hundemüde aus dem Flugzeug steigen, warten bereits die Busse, die uns und unsere vielen Seesäcke zum Schiff bringen. Wir schleppen unser Gepäck an Bord und bekommen unsere Schlafplätze zugewiesen. Die Frauen sollen in einem abgetrennten Raum, dem „Dosendeck", untergebracht werden. Weil wir zu viele Frauen an Bord sind und der Raum bei Weitem nicht ausreicht, teilen sich Frauen und Männer ein Deck. Unseren Schlafbereich können wir mit einem schweren Vorhang von dem Bereich der Kameraden trennen. In der ersten Nacht schlafe ich kaum. Die neuen Eindrücke laufen vor meinem geistigen Auge ab und außerdem schnarchen einige Kameraden in unmittelbarer Nähe um die Wette.

Schlafen in einer Hängematte

Zu Beginn wird jedem von uns eine Hängematte mit Nummer zugewiesen. Bei Seegang ist eine Hängematte besser geeignet als eine richtige Koje, da sie sich flexibel anpasst und man beim Schlafen den Seegang nicht mitbekommt.

Die Hängematte besteht aus rotem Segeltuch, welches eine dünne Matratze, eine Bettdecke und ein Kopfkissen beherbergt. Das feste Tuch wird zusammengewickelt und schützt den Inhalt vor dem Herausfallen und vor Verschmutzung, wenn nicht darin geschlafen wird. Um die

Hängematte aufbauen zu können, ist es zunächst nötig, schwere Stahlketten waagerecht auf maximale Spannung zu bringen, damit man anschließend die Hängematte zwischen den beiden Stahlketten festbinden und ausbreiten kann. Am Ende hängen zwei Matten übereinander und viele Matten nebeneinander.

Gespannte Hängematten werden manchen Offizieranwärtern während der Seefahrt zum Verhängnis. Wenn sie es sich aus irgendeinem Grund mit der Stammbesatzung verscherzen, dann werden sie auf unliebsame Weise „abgebockt".
Ein Kamerad liegt nachts behaglich in seine Hängematte gekuschelt und schläft tief und fest, bis sich auf wundersame Weise die Knoten der Hängematte lösen und er mit einem Ruck ungebremst auf dem Deck aufschlägt. Ein schmerzhafter Denkzettel – „Erziehung unter Männern". In einer Nacht reißt eine der Stahlketten und eine komplette Reihe schlafender Kameraden wird unabsichtlich zeitgleich „abgebockt". Damit ist das Gesprächsthema für den nächsten Tag gesetzt und es gibt einiges zu berichten. Das ersetzt das Fernsehen. Obwohl ich das laute Pfeifen am Morgen schon gewohnt bin, hallt es unter Deck noch viel lauter in meinen Ohren als sonst. Sofort springen wir aus unseren hängenden Betten und laufen verwirrt durcheinander, weil wir nicht wissen, was jetzt zu tun ist. Die Anweisung kommt prompt: „Packen Sie zügig Ihre Hängematte zusammen und treten Sie zur Hängemattenmusterung raus!"

Die Hängematten werden jeden Morgen nach dem Schlafen abgebaut und gepackt, da der Schlafraum als Unterrichtsraum benötigt wird. Wenn man seine Matte richtig gepackt hat, dann gleicht sie einer großen roten Wurst. Sie wird zur Hängemattenmusterung ans Oberdeck geschleppt und dort von einem Vorgesetzten überprüft, das heißt, er kontrolliert, ob die Matratze gut verpackt und alle Knoten verzurrt sind.
Für den Fall, dass man eine „straffe Wurst" hat, kann man wegtreten und sie in der Hängemattenlast mit allen anderen Matten übereinanderstapeln. Ich habe am ersten Morgen eine „lose Wurst", die bei der Prüfung sofort auseinanderfällt. Wie viele andere Kameraden auch packe ich die Matte so lange neu, bis der Vorgesetzte zufrieden ist.

Die Flunder und andere Handarbeit

In den ersten Tagen an Bord gibt es wieder ganz viel Neues zu lernen. „Reinschiff" kannte ich schon, aber hier gibt es das Putzen mit der Erweiterung „Messing polieren und Deck schrubben". Mit einem Backslappen (Reinigungstuch) wird die Autosol-Paste gleichmäßig auf alle Messingteile an Deck aufgetragen, und dann wird poliert, was das Zeug hält. Manchmal machen wir uns einen Spaß und polieren glänzende Herzen in das Messing. Am Ende sollen aber alle Messingteile gleichmäßig blitzeblank sein.

Ich bekomme gleich zu Beginn der Reise einen A4-Zettel, die sogenannte „Flunder", auf dem die Gorch Fock mit ihren Segeln und den dazugehörigen Belegnägeln abgebildet ist. Ein Belegnagel ist eine ca. 30 cm lange, abgerundete Stange, die nach unten zulaufend dünner wird. Diese kann aus Holz, Stahl oder Messing sein und wird in die Vorrichtung der Nagelbank gesteckt. An einem Belegnagel kann man anschließend ein Seil, welches zum Beispiel an einem der Segel hängt, festmachen (belegen). Meine Aufgabe besteht in den nächsten Tagen darin, alle abgebildeten Belegnägel auswendig zu lernen.

Bevor wir im Hafen von Palma de Mallorca an Land gehen dürfen, müssen wir nach dem Tagesdienst eine Stunde büffeln. Wir haben am Oberdeck eine Lerngruppe gebildet. Als ich eine Pause brauche, weil diese Nägel wirklich schwierige und lange Namen haben, schließe ich die Augen und genieße die Sonne.
„Marion, du musst die auch irgendwann können", ermahnt mich ein Kamerad, denn bald stehen „Zehn von zehn" an, eine Überprüfung, in der getestet wird, ob man die Belegnägel auswendig und umgehend finden kann. Der Vorgesetzte nennt den Namen des Nagels und der Offizieranwärter kann kurz überlegen und spurtet dann über das Deck, um den Nagel mit der Hand zu berühren. Sobald man sich auch nur in die falsche Richtung bewegt, ist die Prüfung für den Tag vorbei und das Lernen geht weiter. Neuer Tag – neue Chance. Im Hafen stelle ich mich den „Zehn von zehn" lieber nicht. Ich werde später auf See geprüft, wenn auch nicht freiwillig.

Der Oberbootsmann fordert mich auf: „Los, Frau Gefreite!"
Ich gehorche.
„Zehn von zehn", teilt er mir schelmisch grinsend mit. Ich habe nach der Strategie „Reihenfolge" gelernt. ‚Erst der, dann der und dann der', denke

ich mir. Diese Strategie funktioniert nur leider nicht, wenn der Nagel ganz am Ende der Nagelbank vor der Prüfung ungesehen entfernt wurde. Man kommt nicht umhin, zu lernen, aus welchem Material der Belegnagel mit dem einprägsamen Namen „Großstengestagsegelpreventerschot" ist, damit man ihn auch sicher zeigen kann.

Das traditionell maritime Handwerk zu erlernen gehört ebenfalls zu unserer Ausbildung dazu. Die Rede ist von Knotenkunde und Spleißen.[29] Außerdem muss jeder von uns einen eigenen Seesack nähen. Dazu bekommen wir Segeltuch, eine dicke Nadel und Band, welches eingefettet werden muss, damit man es zum geschmeidigen Nähen verwenden kann. Stück für Stück wird uns gezeigt, mit welchen Stichen welche Naht erstellt wird. Am Ende bestickt jeder von uns den Seesack mit „Crew VII/04".[30] Im Tausch gegen Schokolade und Cola nähe ich mehrere Seesäcke für meine Kameraden.

Enter auf, leg aus!

Am ersten Tag in Palma de Mallorca werden wir für unsere Stationen eingeteilt. Wer überhaupt nicht höhentauglich ist, wird „Nagelbankfahrer". Diese Kameraden sind dafür verantwortlich, bei den Kommandos die richtigen Tampen für die Segel von den Belegnägeln zu lösen. Sie müssen die „Zehn von zehn" auf jeden Fall schnell können. Ich bekomme einen Arbeitsplatz im Großtopp[31] zugewiesen. Der Mast ist ungefähr 45 Meter hoch und ich soll am Großsegel arbeiten, dem untersten Segel am mittleren Mast. Beim Aufentern, dem Klettern in den Mast, muss ich mit meinen kurzen Beinen einen Dreiviertel-Spagat schaffen, um übersteigen zu können. Ohne Sicherung bei Seegang und Dunkelheit wird mir schon bei der Vorstellung schlecht. Aus den gleichen Gründen will ich auch nicht nach ganz oben, um am Großroyal- oder am Großbramsegel zu arbeiten. Ich sage es dem Segeloffizier und bekomme einen anderen Platz – das Großobermarssegel, die goldene Mitte am mittleren Mast. Um meinen Arbeitsplatz zu erreichen, muss ich auf etwa

---

[29] Spleißen ist eine besondere Art des Verflechtens von Seil- und Tauwerk.

[30] Jeder Offizierlehrgang wird als „Crew" bezeichnet. Hier bedeutet die Zahlenkombination, in welchem Monat (VII – Juli) und in welchem Jahr (2004) ich zur Marine ging.

[31] Die Gorch Fock ist eine Dreimastbark. Der vordere Mast wird „Vortopp", der mittlere Mast „Großtopp" und der hintere Mast „Besan" genannt.

20 Meter Höhe um eine Plattform herumklettern. Wieder kommt der Befehl: „Enter auf!“
Dieses Mal muss ich höher klettern, um die Rah[32] zu erreichen. Beim Klettern habe ich einen Toppsgurt an, allerdings sichert man sich erst, wenn man an seinem Arbeitsplatz angekommen ist. Daher bringt mir der Gurt nichts.

Die ersten paar Meter sind kein Problem. ‚Ich war ja schon einmal auf dem untersten Segel‘, denke ich mir und klettere weiter. Ein paar Meter höher stockt mir der Atem, als ich nach unten sehe. Irgendwie muss ich mich dazu überwinden, weiterzuklettern. Ich atme durch und führe leise Selbstgespräche, um mich zu ermutigen: „Komm schon. Klettere weiter. Es ist nicht mehr so weit.“ Aber je höher ich komme, desto enger werden die Wanten[33] und somit auch die Möglichkeit, den Fuß aufzusetzen. Ich schaffe es bis kurz vor die erste Plattform, dann kommt der schwierige Teil. Ich muss von unten um die Plattform klettern – wie an einer Kletterwand unterhalb eines Felsvorsprungs –, um auf ihr stehen zu können. Und da kommt sie, die Angst, unerwartet und schnell. Während ich dort hänge und nach unten sehe, wird mir bewusst, dass ich nicht gesichert bin. Jetzt ist mir klar, was geschehen könnte, wenn meine Kraft nicht reicht und ich abstürze.
‚Wenn du jetzt loslässt‘, sagt meine innere Stimme ganz leise, *‚dann bist du tot.‘*
Die Angst weicht der Panik. Kein Vor und kein Zurück, ich bin wie gelähmt. Mit verkrampften Fingern klammere ich mich fest, zittere und heule. Ich will nicht weinen, aber die Tränen kommen einfach so, sie sprudeln aus mir heraus und hören nicht mehr auf. Ich hänge an meinem Leben und mein Leben hängt an mir. Den Offizier auf der Plattform höre ich wie durch einen Schleier ganz ruhig auf mich einreden. Aber es hilft nichts. Ich kann mich nicht bewegen. Er gibt mir genaue Anweisungen, doch bei mir passiert nichts. Dann kommt ein Vorgesetzter von unten heraufgeklettert, führt meine Füße und gibt mir Anweisungen. Nach einer Ewigkeit stehe ich endlich auf der Plattform. Ich weiß, dass ich auch wieder nach unten muss, und schaffe es.
Nach der nächsten Übungsrunde kann ich ohne Hilfe klettern und nach ein paar weiteren Übungen auch ohne Tränen. Die große Angst und Panik ist überwunden. Dann kommt das Klettern auf Tempo. Drill. Der

[32] Die Rah ist eine waagerechte Stange am Mast, an der das Segel festgemacht wird.
[33] Wanten sind Taue, die den Mast an den Seiten stützen; sie bewegen sich nicht, da sie unter großer Spannung stehen.

Vorgesetzte steht an Deck und ruft in seine „Flüstertüte“. Im Hafen komme ich gut mit. Beim ersten Aufentern auf See brauche ich etwas länger. Während der gesamten Zeit bleibt die kleine Angst und ich höre immer wieder „Das muss schnälla geheeen! Sehäään Sie zuuu!“ aus der Flüstertüte. Eines Tages bin ich durch das Triezen so genervt, dass ich richtig wütend werde. Es reicht mir. Ich brauche kein Megafon, als ich von oben nach unten rufe: „Wenn Sie das schneller können, dann machen Sie es selbst! Es ist nämlich mein Leben!“ Dann ist Ruhe. Zumindest für dieses eine Mal.

Leben an Bord

Während wir in den Häfen liegen, bekommen wir Landgang und können uns die Gegend ansehen. Schon beim Einlaufen in den Hafen von Tanger in Marokko stinkt es ekelerregend. Mir vergeht die Lust, an Land zu gehen, gänzlich, als ich eine tote Katze zwischen Kaimauer und Schiff sehe. Da bin ich froh, dass ich ohnehin Wache habe. Wenn wir für die Hafenwache eingetragen sind, ist uns der Landgang nicht vergönnt.

Bei meiner ersten Hafenwache in Mallorca stand ich für zwei Stunden während des „Open Ship“[34] in der Sonne am Oberdeck und bewachte die große Glocke, während die Touristen das Schiff besichtigten.
„Jetzt gibt es hier auch hübsche Frauen“, hörte ich einen alten Mann zu seiner Frau sagen, bevor er mich fragte, wie schwer die Glocke ist. Und seine Frau ergänzte: „Kann ich mal bimmeln?“

Ich bin gespannt, was während dieser Hafenwache auf mich zukommt, und brauche nicht lange zu warten. Der Vorgesetzte teilt mich als „Läufer Deck“ und Waschfrau ein. Ich soll die Wäsche der Offiziere waschen. Einer von ihnen hatte während der Seefahrt zu mir gesagt: „Sie sind so unselbstständig. Wenn Sie das nicht ändern, werden Sie nie Offizier.“
Nun wirft er mir seinen Wäschesack zu. Ich wasche seine Wäsche gerne für ihn – kalt und ohne Waschmittel. Damit sind wir quitt.

Am Ende des Törns spielen wir mit der Besatzung Beachvolleyball und ziehen nachts gemeinsam um die Häuser.

[34] Beim „Open Ship“ werden Teile des Schiffes für Besucher zur Besichtigung freigegeben.

Als wir das erste Mal aus dem Hafen auslaufen, haben viele Kameraden mit der Seekrankheit zu kämpfen. Sie liegen vor dem Speigatt, einer Rinne, durch die das Wasser vom Deck außenbords gelangt, und schenken widerwillig ihren Mageninhalt den Fischen. Einem Kameraden geht es nach einer Weile so schlecht, dass er lieber sterben möchte. Da er über mehrere Tage sehr krank ist und noch nicht einmal Wasser bei sich behält, bekommt er im Sanitätsbereich eine Infusion und muss auf der Liege angebunden werden. Bis heute werde ich nicht seekrank und bin sehr dankbar dafür.

Egal ob im Hafen oder auf See: Jeden Tag steht Reinschiff auf dem Dienstplan. Während anschließend der Reinigungszustand auf jeder Station kontrolliert wird, singe ich lieber im Bordchor. Das ist besser, als auf meiner Station, dem Navigationshäuschen, herumzustehen und auf den Vorgesetzten zu warten.
Auf See habe ich kaum Zeit für mich. Ich lerne die Segeltheorie, Wettervorhersagen und Knoten. Dann schrubbe ich das Deck und schäle Kartoffeln. Wenn ich keine Wache habe, nutze ich die Mittagspause zum Schlafen, hänge meinen Gedanken nach und schreibe in mein Logbuch. Dieses ist wie ein persönliches Tagebuch. Irgendwann wird es von den Vorgesetzten eingesammelt und gelesen. Ich bin nie allein, nur für mich.
Das ändert sich, als ich während der Nachtwache zum Posten „Ausguck" eingeteilt werde. Jetzt habe ich Zeit für mich allein. Es ist eine sternenklare Nacht und das Mittelmeer ist so ruhig wie ein Ententeich. Tagsüber wurden wir von Schildkröten überholt. Nun stehe ich allein auf dem Vordeck. Immer wieder prüfe ich, ob ich ein anderes Schiff sehen kann, doch es gibt keine Lichter. Nur der Mond erleuchtet ein wenig die Dunkelheit um uns herum. Ich nehme meine „Flüstertüte" und rufe, mit einer Melodie unterlegt: „Auf der Back ist alles wohl - die Laternen brennen."
Jetzt weiß der Segeloffizier, dass ich keinen Kontakt oder etwas anderes Wichtiges zu melden habe. Außerdem weiß er, dass ich immer noch auf meinem Posten stehe und weder eingeschlafen noch über Bord gegangen bin.
Ich schaue wieder auf das Wasser. Es ist dunkel und ruhig, fast schon unheimlich. ‚Wie es hier wohl nachts in kompletter Finsternis ist, wenn kein Mond leuchtet?', frage ich mich und denke an die Kameraden des Wintertörns. Sie werden nach Kiel segeln und erst kurz vor Weihnachten einlaufen. Wie ist es, wenn das Wetter stürmisch, das Wasser eiskalt und die Nacht stockdunkel ist? Wenn sich die Wellen türmen, die Wellenberge größer und größer werden und das Schiff wie eine Nussschale hin und

her schleudern? Und wenn man dann hier allein steht? Was ist, wenn man gemeldet hat und daraufhin über Bord geht? Wie und wann würden sie es merken? Eigentlich müssten hier zwei stehen, die sich gegenseitig Mut machen. Im schlimmsten Fall könnte einer melden, wenn dem anderen etwas passiert. Das Schiff ist schon so lange unterwegs, darüber werden sich andere sicherlich bereits Gedanken gemacht haben. Ich schiebe meine Überlegungen beiseite, mache ein paar Cha-Cha-Cha-Tanzschritte und denke an das Tanztraining mit meinem Bruder. Ich vermisse meine Familie.

KAKTUS MIT BLÜTE

Ich bin vor dem Wecker wach. Außerhalb des Stundenplans habe ich mich mit dem dunkelhaarigen Mädchen zum Walken verabredet. Wir machen vor dem Frühstück eine Aktivität an der frischen Luft, die nicht auf dem Stundenplan steht. Wir motivieren uns, freiwillig etwas zu machen, von dem wir wissen, dass es uns später guttut, auch wenn sich unsere Lust dazu in Grenzen hält.

Nach meiner Freizeit habe ich einen Termin bei der Oberärztin, die den Klinikleiter vertritt. Sie ist ganz erstaunt, als sie mich aufruft. Sie vergleicht mein Foto vom ersten Tag mit dem Bild, das sie sich jetzt machen kann, und freut sich sichtlich über die Fortschritte. Dann fasst sie zusammen und weist mich darauf hin, dass ich mich stark vernachlässigt habe und mich nun viel mehr um mich selbst kümmern müsse.

Direkt im Anschluss mache ich mich auf den Weg zur Genussgruppe. Heute geht es ums Sehen und Hören. Wir suchen nach Beispielen, und ich sage der Therapeutin, dass dem dunkelhaarigen Mädchen und mir die Osterdekoration aufgefallen ist. Wir sehen uns Bilder an, bei denen man immer mindestens zwei Motive entdecken kann – je nach Stimmung und Sichtweise. Dann lauschen wir einer CD und werten anschließend aus, was wir gehört haben. Was die anderen alles hören: Vögel, Rehe, Feuer und Regen. Ich wundere mich, dass niemand das Gras wachsen gehört hat.

Nach dem Mittagessen gehe ich zur Kosmetik und bin froh, dass ich anschließend eine Weile in der Sonne sitzen kann, bevor die Co-Therapeutin zu mir kommt. Sie möchte mit mir meine Übung für die nächste Stunde „Training sozialer Fertigkeiten" besprechen. Ich hatte vor, mich einfach tot zu stellen und mich so davor zu drücken – das funktioniert aber scheinbar nicht. Auch ich soll eine Situation üben, aber ich habe im Moment noch keinen Plan, wie ich das am Montag anstellen soll. Bis dahin habe ich bestimmt etwas zu Papier gebracht und jemanden für mein Rollenspiel gefunden. Dann muss ich es nur noch durchführen. „Das Rollenspiel wird auf Video aufgenommen und im Laufe der Woche noch einmal mit Ihnen ausgewertet", lässt mich die Co-Therapeutin wissen.

Der Bärtige und ich sind mit der Kreativen in der Stadt zum Kaffee verabredet. Das kleine Café ist in einem Blumenladen untergebracht und dort duftet es nach Frühling. Zum Kaffee gibt es leckere Schokolade und wir reden über alles Mögliche. Es ist ein ausgesprochen schöner Nachmittag. Nach fast zwei Stunden spazieren wir zurück zur Klinik. Beim Abendbrot verabreden sich die anderen zum Spieleabend. Sie versuchen, mich auch zu überzeugen, aber ich möchte einfach meine Ruhe haben und manche Menschen nicht ertragen müssen. Von der Lehrerin leihe ich mir den Film „Vincent will Meer" aus und mache mir mit Florian David Fitz einen schönen Abend. Nach dem Film sende ich dem dunkelhaarigen Mädchen eine Gute-Nacht-SMS, weil ich sie wirklich gerne mag. Sie ist frech und fröhlich, außer wenn sie über ihre Probleme sprechen muss.

Später wache ich auf, weil mir kalt ist. Ich habe irgendeinen Blödsinn geträumt und verkrieche mich unter meine Decke. Als ich wieder wach werde, ist es immer noch nicht Zeit zum Aufstehen. Ich grüble vor mich hin und freue mich, als der Wecker mich endlich erlöst. Beim Frühstück sitzt mir eine korpulente Frau gegenüber. Sie ist immer am Jammern und Nörgeln und ich versuche, sie auszublenden.

Heute ist der kleine Opi mit seiner Problembeichte an der Reihe. Am Anfang noch ganz traurig, negativ und aufgeregt, geht es ihm zunehmend besser, nachdem er alles gebeichtet hat. Wir erarbeiten wie gewohnt die Problematik, Ziele und Lösungen. Der kleine Opi ist begeistert, motiviert und bedankt sich für die tollen Ideen.

Leider kann ich mich nicht wirklich darüber freuen, denn der Brillenmann sorgt dafür, dass meine Wut in der Stunde merklich ansteigt. Jede seiner Wortmeldungen beginnt er mit „Bei mir ist ..." oder „Ich habe Folgendes erlebt ...". Derweil beginnt mein Hirn immer wieder einen Satz mit „Und ich könnte schon wieder durchdrehen". Was fällt ihm eigentlich ein! Er sorgt ständig dafür, dass sich andere wie Trottel fühlen, weil er es so darstellt, als ob er selbst das Schlimmste von allen erlebt hätte. Die Menschen, die hier sind, haben alle ihre großen und kleinen Probleme. Der Brillenmann fragt den kleinen Opi: „Gefällst du dir eigentlich in der Opferrolle? Du musst – also entschuldigt bitte den Ausdruck – einfach mal den Arsch hochkriegen." Armer kleiner Opi. Und ich dachte schon, dass ich kein Feingefühl hätte. Nach der Stunde bin ich froh, eine Entspannungstherapie als Abschluss zu haben.

Mit fünf anderen Patientinnen fahre ich nach Hameln und wir bummeln durch die Stadt. Natürlich nutze ich die Gelegenheit und gucke, ob ich Sachen finde, die zu meiner neuen Garderobe passen könnten. Ich nehme ganz viele Teile mit in die Kabine und hänge ganz viele Teile wieder zurück. Bei mir bleiben am Ende ein maritimer, kurzer Rock, eine Bluse, eine Hose und eine Jeansjacke hängen. Shopping ist anstrengend. Immer wieder ausziehen, anziehen und rauskommen, um vor den Spiegel zu treten. Dann wird zurechtgezupft, eine andere Farbe oder eine Nummer kleiner probiert.

Nach zwei Läden bin ich froh, dass wir in einem Straßencafé eine Pause machen. Von dort aus geht es weiter und ich sitze in der „Männerecke", gucke bei der Modenschau zu und hoffe, dass mich niemand nach meiner Meinung fragt. Genau in diesem Moment kommt das dunkelhaarige Mädchen mit einem grünen Tuch um die Ecke und fragt mich, ob sie damit blass aussieht. „Finde ich nicht", sage ich zu ihr, deshalb kauft sie das Tuch.
Im nächsten Laden sitzen wir zusammen auf der „Männerbank" und sehen uns Fotos von Hundewelpen auf ihrem Smartphone an, denn wir waren bereits in diesem Laden und haben Sachen gekauft. Die anderen Frauen konnten sich beim ersten Mal dort noch nicht entscheiden, und so warten wir auf sie. Hier verbringe ich gerne Zeit. Ich bin einfach zufrieden, dass ich in der Ecke sitzen kann und nichts machen muss.

Zwar habe ich die ganze Nacht geschlafen und war nur ab und zu kurz wach, doch am nächsten Tag fühle ich mich wie gerädert. Dennoch stehe ich sofort auf und gehe runter, um den Geburtstagsfrühstückstisch für die Kreative mit vorzubereiten. Wie ein kleines Mädchen freut sie sich über ihre Geschenke, und das wiederum freut mich, weil die Lehrerin und ich die Idee sehr gut umgesetzt haben.
Nach dem Frühstück gehe ich zum Teamtreff. Dort erfahre ich, dass ich mich bei der Co-Therapeutin melden soll, und bekomme dafür einen Zettel. Nun werde ich Patienten-Patin und soll am Donnerstag einen Patienten herumführen. Diese Aufgabe übernehme ich sehr gerne. Die Co-Therapeutin gibt mir einen weiteren Zettel und teilt mir mit, dass ich ab morgen die neue Teamsprecherin für die Gruppe bin. Ich soll mich jeden Morgen um 8:10 Uhr im Therapeutenzimmer melden.

Wut steigt in mir auf. Es ist nicht die Aufgabe an sich, die stellt keine Herausforderung dar: morgens das Team begrüßen, jemanden verabschieden, die Neuen begrüßen und dann an das Therapeutenteam übergeben. Es ist nichts Wildes, vor fremden Menschen zu sprechen. Aber ich will mich nirgendwo mehr melden – nie wieder! Ich habe es so satt. Ich verstehe nicht, warum sie nicht Menschen aus der Gruppe nehmen, die introvertiert sind und Probleme haben, auf andere zuzugehen oder vor einer Gruppe zu sprechen.

Sofort entscheide ich mich, das nicht zu tun. Die Co-Therapeutin verweist mich an die Therapeutin. Soll das etwa eine Hürde sein? Sie kann noch so nett sein, auch ihr werde ich mitteilen, dass ich diese Aufgabe nicht wahrnehmen werde. Da können sich alle auf den Kopf stellen.

Ich gehe direkt zur Therapeutin und empfange zunächst meinen Therapieplan für die Woche. Wenn es noch Fragen gebe, könnten wir sie gerne klären. Eine Frage habe ich nicht. Ich teile ihr aber mit, dass ich keine Teamsprecherin sein werde. Sie findet meine Entscheidung nicht gut und sagt, dass sie mich für diese Woche aus der Planung herausnehmen wird. Wenn es nach ihr geht, scheint das letzte Wort aber noch nicht gesprochen zu sein, schließlich werde ich ja noch eine Weile hier sein. Die Übung sei dazu da, damit ich lerne, nett zu anderen zu sein und etwas aus mir zu machen.

Nee, so haben wir mal nicht gewettet. Ich bin nett und ich kann mich auch hübsch anziehen, aber alles dann, wenn mir danach ist. Heute fühle ich mich traurig und jetzt sehr wütend, und da ziehe ich mich eben bequem an und trage eine graue Strickjacke. Das wird sich so schnell auch nicht ändern, Umstyling hin oder her. Am Mittwoch werde ich es ihr in Ruhe erklären.

Nun gehe ich erst einmal stinksauer zur Gestaltungstherapie. Hier sollen wir uns wieder in Teams bestehend aus zwei Personen zusammenfinden. Ich sitze mit dem Studi zusammen und wir sollen uns kennenlernen. Wir haben knapp zehn Minuten Zeit, um unser Gegenüber alle möglichen Dinge zu fragen. Anschließend sollen wir den anderen in einem Bild darstellen. Formen, Farben, Blumen – es ist alles erlaubt. Hinterher wird das Bild dann ausgewertet und man soll sagen, was man mit dem Bild ausdrückt.

Der Studi zeichnet ein Mädchen mit Rucksack auf einer großen Wiese mit Hügeln. Um meine kleine Figur hat er eine Aura gemalt, er kann aber nicht wirklich beschreiben, woran er das festmacht. Er findet mich nett und ist der Meinung, dass ich schon sehr viel erlebt habe – manches davon war eben nicht so toll – und dass ich mit ganz viel Elan und Mut rausziehe in die Welt und das alles irgendwie meistere. Er ist neidisch darauf, was ich schon alles gesehen und erlebt habe.

Der Therapeut fragt Verschiedenes nach und treibt ihn in die Enge. Der Studi versucht, sich zu wehren, er kann aber nicht erklären, warum er mich mag und wieso er nicht so viel beschreiben kann. Anschließend soll ich zu allem etwas sagen. Also bedanke ich mich für das Bild und lasse ihn wissen, dass ich verstehe, warum es ihm so schwer fällt, etwas Genaues zu mir zu sagen. Schließlich habe ich ihm ja, so wie allen anderen auch, nichts mitgeteilt. Zwar formuliere ich sachlich, was passiert, aber meine Emotionen und Gefühle braucht niemand zu kennen, dann bin ich nämlich nur verletzbar. Menschen nutzen das aus und sind fies. Also habe ich mir einen Panzer angelegt, und da guckt auch niemand einfach so rein. Dafür muss man sich schon Zeit nehmen, und das tun die wenigsten. Ich brauche eben Vertrauen, damit ich etwas mehr als nur Sachlichkeit preisgebe. Der Therapeut fragt, wie ich mich selbst gemalt hätte. Mein Selbstporträt würde eine fauchende Katze vor einem kaputten Spiegel zeigen. Das dunkelhaarige Mädchen erzählt, sie hätte einen Kaktus mit einer Blüte gemalt. Letztendlich beschreibt sie den Panzer nur anders.

Mich erstaunt, dass manche hier keinen Panzer haben und dazu noch sehr dünnhäutig sind. Das funktioniert genauso wenig, sonst wären sie ja wohl nicht hier. Die Stunde gibt mir zu denken und ich verschwinde, um das Rollenspiel für „Training sozialer Fertigkeiten" vorzubereiten. Meinen Rollenspieler habe ich schon gefunden. Ich weise ihn ein, und dann geht die Stunde auch schon los. Ich habe mich entschieden, einen Teil des Gesprächs mit meinem Chef nachzuspielen, damit ich ein Feedback zu meinem Verhalten bekomme. Der Gruppe teile ich kurz mit, was mein Anliegen ist, und die Therapeutin baut die Kamera auf.

Dann geht es los. Der Rollenspieler ist so echt, dass ich die anderen im Raum nicht mehr wahrnehme, sondern mich an den Stuhl kralle und tatsächlich genauso reagiere wie sonst. Ich habe so starkes Herzklopfen und mir wird heiß. Beim Sprechen stocke ich und dann merke ich, wie die Tränen aufsteigen. Diesmal sind es allerdings keine Wuttränen, weil mich mein Gegenüber schon wieder nicht versteht. Es sind Trauertränen. Ich bin traurig, weil ich es nicht ändern kann, weil ich es nicht eher wahrhaben wollte, sondern diese Schikanen noch so lange ertragen habe. Der Rollenspieler wird nervös, als er das sieht, aber er macht weiter. Ich kann nicht mehr antworten und muss abbrechen.
Die anderen gucken mich an und geben mir dann ein Feedback. Die erste Frage, die mir jemand stellt, lautet: „Hast du dir mal überlegt, dass es nicht an dir liegt?"

Alle anderen nicken zustimmend. Sie sagen mir letztendlich, dass ich so bleiben soll, wie ich bin, da ich sachlich meinen Standpunkt aufgezeigt, aber unterschwellig Kritik geübt habe. Diese Kritik hat dazu geführt, dass er mich auf der emotionalen Ebene angegriffen und die sachliche Ebene verlassen hat.
Die Therapeuten geben mir noch ein Feedback zu meiner Körpersprache. Am Ende wird mir gesagt, dass ich so ein Gespräch überhaupt nicht führen muss, sondern so etwas beenden soll. In meiner Welt gehört sich das nicht und wäre unprofessionell.

Die Co-Therapeutin kündigt an, dass wir am Donnerstag das Video zusammen in Ruhe auswerten werden. Den Rest der Stunde grüble ich vor mich hin und bin traurig. Auf die anderen Rollenspiele kann ich mich nicht konzentrieren. Nach dem Mittagessen will ich nur noch in mein Bett. Ich bin erschöpft und ausgelaugt und gehe anschließend zur Depressionsgruppe. Die passende Stimmung bringe ich gleich mit. Ich erfahre einiges über die Depressionsspirale und wie man dagegenwirkt. Es scheint fast so, als könnte die Therapeutin meine Gedanken lesen und wüsste, dass ich heute nichts mehr machen möchte, sondern mich nach meinen Tagesterminen auf mein Zimmer verziehen will, um allein zu sein.
Als die Stunde zu Ende ist, gehe ich zur Wirbelsäulengymnastik und denke weiter nach. Ich treffe die Entscheidung, mir später meine Shoppingbeute vom Freitag zu schnappen, die neue Bluse und den hübschen maritimen Rock anzuziehen und dann zum Geburtstagsabendessen der Kreativen zu gehen.

In der Nachbereitungsstunde meiner Problembeichte erzähle ich der Gruppe, was ich mir vorgenommen habe. Ich zeige ihnen mein neues Outfit und sage, dass ich entschieden habe, meine Garderobe umzustellen beziehungsweise zu erweitern. In den nächsten Tagen werde ich mir weitere neue Klamotten kaufen. Das ist zwar teuer, aber notwendig. Es ist ja nur Geld. Außerdem habe ich mir vorgenommen, in Hamburg zu After-Work-Partys zu gehen, Menschen kennenzulernen und soziale Kontakte aufzubauen. Die anderen finden die Lösungsansätze sehr gut und sind sich sicher, dass ich das auch schaffe, weil ich einen zielstrebigen und selbstsicheren Eindruck mache.

Dann spazieren wir zum Abendessen und verbringen einen gemütlichen Abend bei gutem Essen und Wein. Die Stimmung ist teilweise sehr ausgelassen und ich bin froh, dass ich mitgegangen bin. Mir gegenüber sitzt die Kreative. Als sie mich anschaut, beginnt sie zu grinsen und sagt: „Weißt du, an wen du mich erinnerst? An die Frau von den Mumins. Kennst du die Mumins?"

Und dann sprudelt es nur so aus ihr raus: „Da gibt es das Mädchen Klein Mü, das sich dort immer nur im Hintergrund bewegt. Sie trägt einen Dutt und guckt immer etwas grimmig. Du siehst ihr sehr ähnlich."
Die Kreative freut sich und ich freue mich, weil sie sich freut. Ich mag sie sehr gerne, weil sie sehr herzlich ist. Die Menschen hier geben mir viel Kraft und stärken mir den Rücken. Das tut mir wirklich gut. Am Ende des Tages falle ich müde ins Bett.

Y-TOURS – WIR BUCHEN, SIE FLUCHEN

Im Oktober 2011 fuhr ich nach England für eine militärische Führungsausbildung am Britannia Royal Naval College. Die Schule ist vergleichbar mit der Marineschule in Flensburg: ein uraltes Gebäude mit dicken, kalten Steinmauern, in denen es wie Hechtsuppe zieht. Der einzige Unterschied ist das noch schmalere Bett. Die Ausbildung hat mir sehr viel Freude bereitet und ich lernte viel über das Führungsverständnis der Royal Marines.
Die einwöchige Ausbildung verlängerte ich mir selbst um eine Woche, um an der traditionellen Trafalgar Night teilnehmen zu können. Die englischen Soldaten trugen an diesem Abend ihre beste Uniform, die ihre Königin ihnen zur Verfügung stellte. Bis auf die Dienstgradabzeichen am Ärmel und die Abzeichen auf der Brust erinnert diese eher an elegante Abendgarderobe mit Fliege und Kummerbund. In Deutschland hingegen gehört die Galauniform nicht zur Standardausrüstung. Soldaten, die sich für außergewöhnliche Anlässe besonders elegant kleiden möchten, dürfen privat in die Galauniform investieren. Weil ich schon immer sehr preisbewusst war, hatte ich mir diese Uniform vor meiner Reise von einer Kameradin ausgeliehen: ein langer Rock aus einem weichen, fließenden, dunkelblauen Stoff, eine weiße Seidenbluse und ein kurzes Samtjäckchen mit sehr dezenten Oberleutnant-zur-See-Dienstgradabzeichen. So schick wie an jenem Abend habe ich mich in meiner Bundeswehrkarriere selten gefühlt und mein einziger Gedanke war: ‚Hoffentlich bekleckere ich mich nicht.‘

Bevor es so richtig losging, wurde ich von meinem Kameraden ausführlich gebrieft, während ich mit einem Gin Tonic in der Hand vor der großen Halle auf Einlass wartete.
„Wenn wir dort drin sind, kommen wir nicht mehr so schnell raus, Marion“, meinte er. Ich folgte seinem Rat und verschwand noch einmal „ums Eck“. Und tatsächlich: Geschlagene drei Stunden verließ niemand die Veranstaltung – auch nicht für eine Biopause. Zwischen den einzelnen Gängen sangen alle anwesenden Soldaten aus voller Kehle traditionelle Marinelieder. Außerdem wurde stolz die Geschichte der Trafalgar Night vorgetragen, in der die englische über die vereinigte französische und spanische Flotte siegte. Es wurde gefeiert und es gab jede Menge zu trinken.

Nach dem Essen ging es in der Offiziersmesse weiter, in der die Royals des Königshauses an der hohen Zimmerdecke unterschrieben hatten. Ich fragte mich, wie sie dort wohl hochgekommen waren. Viel Zeit für meine Überlegungen hatte ich allerdings nicht, denn dann begannen die „Mess Games". Bis heute weiß ich nicht, ob die Spiele so heißen, weil sie in der Messe gespielt werden oder weil es dabei so chaotisch zugeht. Während der einzelnen Spiele wurde in kürzester Zeit viel getrunken. Wer schon einmal Engländer im Urlaub erlebt hat, kann sich vorstellen, wie trinkfest Offiziere sind.

Das erste Spiel war in vollem Gange und ich wurde animiert, mitzumachen. Ich winkte ab, denn ich dachte nur an meine tadellos saubere Uniform. „Nein, danke, ich schaue lieber zu", sagte ich mädchenhaft.
„Los!", riefen die englischen Soldaten. „Es macht wirklich viel Spaß. Komm, mach mit."
Wie war das doch gleich in Australien? — „No worries."
Kaum, dass mir diese Wendung durch den Kopf fuhr, sah ich mich schon auf der Erde sitzen und spielte Tauziehen. Was hatten wir für einen Spaß! Für Rock und Seidenbluse würde es später ja noch Reinigungsmittel geben, beruhigte ich mich, als wir sitzend das Tau hin- und herrissen.

Nur damit keine Missverständnisse aufkommen: Ich war dabei vollkommen nüchtern, denn ich führte ein „Spuckglas" mit mir. Statt Portwein, Bier und Schnäpse in die Kehle laufen zu lassen, wie es die anderen taten, spuckte ich den Alkohol in ein halb volles Bierglas, während ich so tat, als würde ich trinken. Dieses ließ ich später irgendwo stehen oder kippte es in die Blumen, während mir Respekt für meine Trinkfestigkeit gezollt wurde. Spuckflaschen und -gläser haben sich während meiner Marinezeit immer wieder bewährt.

Da ich nun in ganzer Linie für das vollständige Führungstraining in England ausgebildet war, flog ich im Mai 2012 mit den Soldaten meines

Hörsaals[35] zur Ausbildung. Während sie an der Ausbildung teilnahmen, wurde ich als Prüfungsoffizierin eingesetzt. Das war für uns alle eine Erfahrung fürs Leben.

---

[35] Meine erste Gruppe wurde mir als Seekadett (Gruppenführerin Soldatische Basis) im Jahr 2005 unterstellt. Meinen ersten Zug führte ich als Fähnrich zur See (Zugführerin Soldatische Basis) im Folgejahr. 2009 absolvierte ich als Leutnant zur See erneut ein Praktikum an der Marineschule Mürwik. Meinen ersten Hörsaal führte

Schon Wochen vorher plante und organisierte ich die Reise bis ins kleinste Detail. Ich traf alle Absprachen, schrieb den Befehl, besorgte Gastgeschenke und buchte den Bus und die Flüge. Der Bus holte uns mit unserem gesamten Gepäck pünktlich an der Marineschule ab und brachte uns zum Fliegerhorst. Nach einer kurzen Verzögerung hob die Transall ab und brachte uns nach Bristol. Wir verließen das Flugzeug und liefen über das Rollfeld, als mir ein Mitarbeiter des Flugplatzes entgegenkam und sagte: „Ich habe hier eine Information, dass Sie am 4. Juni wieder zurückfliegen wollen. Daraus wird nichts werden."

Ich war irritiert und erklärte ihm, dass ich bereits die Bestätigung des Fluges von unserer Luftwaffe ausgedruckt in meinem Rucksack hatte.

„Es mag sein, dass Ihre Luftwaffe fliegt – aber sie wird hier nicht landen, um Sie abzuholen. Wir haben hier Feiertag: Queen Elizabeths Diamond Jubilee, das 60. Thronjubiläum der Königin."

Zunächst hielt ich es für richtig schlechten englischen Humor, doch ich konnte noch nicht mal den Ansatz eines Lächelns auf dem Gesicht des Briten erahnen. Und so wusste ich, dass es sein voller Ernst war. Es spielte keine Rolle, was ich geplant hatte und bestätigt an Zetteln in der Hand hielt. Die Queen war eben die Queen. Ich brauchte einen Plan B und informierte meinen Chef per SMS.

In der Schule angekommen, wurden uns die Zimmer zugewiesen. Danach wurden wir herumgeführt und die Ausbildung begann. Gleich am nächsten Morgen nahmen wir am Frühsport teil. Während wir 30 Minuten gemütlichen Frühsport zum Wachwerden gewöhnt waren, lernten wir den englischen Drill kennen. Es wurden ungefähr gleich starke Laufpaare gebildet, und während einer eine Runde um den Sportplatz sprintete, konnte der andere versuchen zu verschnaufen, denn viel Zeit blieb nicht bis zum Wechsel.

Schon vor dem Frühstück waren wir alle das erste Mal platt. Mir war so schlecht und ich hatte es mir dieses Mal freiwillig ausgesucht. Mitgegangen, mitgefangen. Der Frühsport an der Schule war allerdings nur zum Warmwerden gedacht. Für die Führungsausbildung fuhren wir mit der kompletten Ausrüstung ins 30 Kilometer entfernte Dartmoor. Dort gab es grüne Hügel, soweit das Auge reichte, kleine Hütten, neben denen unendlich viele Schafe grasten, Morgennebel und Sport auf nüchternen Magen. Diesmal saßen die Ausbilder im Auto und trieben die Soldaten

---

ich als Oberleutnant zur See im Offizierlehrgang 2010; es folgten weitere in den Jahren 2011 und 2012. Neben England begleitete ich verschiedene internationale Projekte, z. B. Indien, Belgien, Japan. Meine eigene Inspektion führte ich ab 2013 als Kapitänleutnant (Inspektionschefin an der Marineunteroffizierschule Plön).

wie eine Herde Schafe die Berge hoch und wieder runter. Das wollte und konnte ich nicht mit ansehen. Ich stand mit den anderen Ausbildern auf und lief so weit, wie es ging, in die entgegengesetzte Richtung. Die anderen waren kilometerweit zu hören. Danach absolvierten meine Soldaten die Geländeausbildung.

Währenddessen stand ich mit einem Telefon ohne Empfang zwischen blökenden Schafen im Moor und wartete auf eine Information zu unserem Rückflug. Vergebens, denn in Deutschland passierte aufgrund des Pfingstwochenendes überhaupt nichts, und in England gefiel es mir so gut, dass ich persönlich keinen Rückflug wollte. Während ich mich immer mehr entspannte und unseren Ausflug genoss, wurden meine Soldaten von Tag zu Tag unruhiger. Die Ausbildung war anstrengend, die Rückreise unklar, und es war kein DLC[36] mit dem oder der Liebsten zu Hause möglich. Irgendwann hatte ich Glück und erreichte einen Kameraden, der den Rückflug organisierte.

Wir hatten die Ausbildung erfolgreich beendet und gefeiert, und ab dann hieß es für mich selbstsicheres Auftreten bei völliger Ahnungslosigkeit. Das hatte ich schon sehr früh gelernt. Wir saßen auf unseren gepackten Seesäcken und warteten auf den Bus, der uns zum London Heathrow Airport brachte. Am Flughafen herrschte das stete Durcheinander, ein sich ständig wechselndes Wimmelbild – und wir mittendrin. Ich hatte die Verantwortung für 19 Soldaten, die eingecheckt werden mussten. Alle Augen waren auf mich gerichtet, und ich dachte die ganze Zeit: ‚Ruhe bewahren und so tun, als wäre das hier das Normalste der Welt.'
Als der erste Soldat eincheckte, stellte ich verdutzt fest, dass unser Übergepäck von Deutschland aus nicht angemeldet worden war. Was ich bei meinen Reiseplanungen bedachte, hatten andere Kameraden nicht auf dem Radar. Wenn 19 Soldaten jeweils mit Seesack und Kampftragetasche ausgestattet via Transall kommen und via Linienflug zurückreisen müssen, dann sollte klar sein, dass ein einfaches Touri-Ticket nicht ausreichen würde.

Somit war zusätzlicher Koordinationsbedarf vor Ort angesagt: 19 Soldaten, eine halbe Tonne Gepäck, ein Schalter, ein Mitarbeiter und eine Rechnung. Eine Rechnung mit vier Zahlen. Auf einen Schlag war mehr als ein Monatsgehalt fällig, um uns mitsamt der Ausrüstung nach Hamburg zurückzubefördern. Was sollte ich bloß machen? Na, was wohl? Private

---

[36] Daily Love Call: täglicher Kontakt mit der Partnerin oder dem Partner

Kreditkarte zücken, Augen zu und Karte durchziehen. Und plötzlich verstand ich auch den inoffiziellen, aber dafür zuhauf zitierten Slogan, der unter Bundeswehrsoldaten kursierte: „Y-Tours – wir buchen, Sie fluchen."
Um das Geld[37] würde ich mich später kümmern, beruhigte ich mich und freute mich, dass wir sicher im Flieger auf unseren Plätzen saßen.

Als wir am Abend die Marineschule erreichten, bestellten wir Pizza und feierten auf unserem Hörsaaldeck unseren Teamerfolg: Alle hatten die praktische Führungsausbildung be- und vor allem den Frühsport überstanden.

---

[37] Nach einigem Hin und Her habe ich den ausgelegten Betrag später erstattet bekommen.

KLEIN MÜ

In dieser Nacht war ich nur zweimal wach. Wie lange, kann ich nicht sagen, weil ich ja nicht mehr auf die Uhr sehe. Trotzdem bin ich erschöpft, als ich aufstehe. Mein Frühstück esse ich ohne Appetit und ich freue mich, als die Kreative ihr Geschenk des Tages auspackt. Sie freut sich über den Gutschein für ihr Lieblingscafé im Ort. Es ist das kleine Café mit dem Blumenladen, wo es so gut duftet. Vielleicht möchte sie heute einen Abstecher dorthin machen.

Die morgendliche Teambesprechung ist schnell beendet und ich bereite den Raum für die Problembeichte des Brillenmannes vor. Er ist sichtlich angespannt und nervös. Gleich zu Beginn sagt er, dass er bisher nur mit Ärzten darüber gesprochen habe. Er beginnt mit seiner derzeitigen Situation und wie sich das Geschehene auf sein Leben und sein Gemüt auswirkt. Dadurch erzeugt er bei den Zivilisten einen Spannungsbogen. Bei mir nicht, weil ich weiß, was kommt. Der Brillenmann spricht konzentriert ruhig und bedacht. Auf jeder Ebene nimmt er Einbußen an Lebensqualität hin und fühlt sich ausgegrenzt. Es ist hart, dass andere Menschen kein Verständnis für ihn haben, aber auf der anderen Seite können sie auch keines entwickeln, denn er spricht nicht viel.

Schnell wird er aggressiv oder hat Angst und flüchtet panisch. Er fühlt sich abgestumpft, kann seine Gefühle nicht einordnen oder sie überhaupt benennen. Außerdem ist er sehr grob und laut. Die Gruppe hat Verständnis, gibt ihm aber auch deutliches Feedback. Andere Soldaten aus der Gruppe und ich sind wütend auf das System, denn es hat ihn zu dem gemacht, was er jetzt ist. Er ist kaputt, verletzt, wütend und mit sich, seinem Körper und seinen Emotionen auf Kriegsfuß. Und alles, weil entschieden wurde, dass ein Soldat, der Medikamente gegen Depressionen nimmt, einsatzfähig ist.
Wenn man die Werbespots der Bundeswehr sieht, dann ist von einem ganz tollen Arbeitgeber die Rede. Es gibt eine Attraktivitätsagenda, um die Bundeswehr zu verbessern und junge Menschen anzulocken. Ein sicherer Arbeitsplatz, gelebte Kameradschaft und eine hervorragende Ausbildung hören sich großartig an. Die Bundeswehr bezahlt einem von Anfang an sehr viel Geld dafür, dass man erst einmal nichts kann. Wenn ich die Ausbildung in meinem Bereich betrachte, so muss ich sagen, dass ich mit meinen

Ausbildern jedes Jahr viele Menschen teilweise nicht ausreichend ausbilde. Die Soldaten werden schließlich auf den seegehenden Einheiten gebraucht. Da soll man hier und da eben auch mal ein Auge zudrücken.[38]

Beim Brillenmann hat irgendjemand beide Augen zugedrückt, und nun sitzt er hier und seine Lebensqualität wird nie wieder bei 100 Prozent sein. Nach der Depression folgten Hohn und Spott von seinen Kameraden, als sie von seiner Krankheit und von den Medikamenten erfuhren. Der starke Brillenmann war nicht dafür ausgebildet, um das zu ertragen. Jetzt ist er nur noch ein Häufchen Elend. In diesem Moment wünsche ich mir, dass den spottenden Kameraden niemals das gleiche Schicksal widerfährt. Vorbei wäre es mit Familienidylle, Freizeit und Karriere. Dann würden auch sie Suizidgedanken entwickeln. Das ist niemandem zu wünschen, so gehässig Kameraden auch sein können. Ich bin wütend und alle anderen, die hier sitzen, sind es auch. Ich muss an meine Mädels zu Hause denken und frage mich, wie stark sie nach ihren Einsätzen wirklich belastet sind und ob sie manche schlimmen Erfahrungen einfach nur verdrängen und sich das Grauen trotzdem irgendwann seinen Weg nach draußen sucht.

Nach dem Mittagessen sitze ich wieder in der Angsttherapie. Einer der neuen Patienten aus unserem Team ist immer ganz schön maulig und teilweise unhöflich. Er ist auch mit in der Gruppe und kotzt dem Therapeuten förmlich immer mal wieder ein paar unhöfliche Brocken vor die Füße. Andere schütteln nur den Kopf.
Heute sprechen wir über die verschiedenen Ängste. Ich habe Angst davor, auf irgendeine Weise im Mittelpunkt der Aufmerksamkeit zu stehen und in Besprechungen abfällige Kommentare oder Blicke zu bekommen. Der Therapeut erörtert mit uns den Angstkreislauf: Man kommt nur durch Flucht, Bewältigung oder Vermeidung aus der Angst heraus. Flucht funktionierte nicht bei mir. In einer Besprechung aufzustehen und das Weite zu suchen war genauso undenkbar wie Vertreter zu schicken und selbst nicht hinzugehen, obwohl ich im Dienst war. Über beides hatte ich immer wieder nachgedacht, aber am Ende kam es nie infrage. Deshalb ging ich hin und blieb. Ich habe meine Angst nie bewältigt. Es war eher ein Durchstehen und ein Über-mich-ergehen-Lassen. Und nun bin ich hier.
Ich gehe zur Schwimmhalle. Heute sind wir zu zehnt im kleinen Becken und das dunkelhaarige Mädchen ist zum ersten Mal mit dabei. Sie arbeitet

---

[38] In Gesprächen mit Vorgesetzten wurde ich immer wieder dazu aufgefordert, notwendige Ausbildungs- und Tätigkeitsnachweise (ATN) zu verleihen, auch wenn die Bedingungen durch die Soldaten nicht ausreichend erfüllt wurden.

daran, ihre Versagensangst zu überwinden. Schon in der Mittagspause hat sie Bedenken darüber geäußert, dass sie hier ihre sozialen Fertigkeiten trainieren und am Wasserball teilnehmen muss. Am Ende der Stunde erzählt sie mir, dass sie sogar etwas Spaß beim Wasserball hatte.

Ich bin mit dem Bärtigen und dem Studi zum Einkaufen verabredet. Der kleine Opi kommt auch mit und ich glaube, dass er sich freut, nicht allein spazieren zu müssen. Ich mag die drei wirklich gerne. Wir schlendern durch die Stadt und erledigen ein paar Wege, essen Eis. Nach dem Abendessen nehme ich mit dem dunkelhaarigen Mädchen an der Musiktherapie teil. Auch diese Stunde ist für sie eine Herausforderung. Für mich nicht. Zwar kenne ich die Texte und Melodien nicht und Noten lesen kann ich schon mal gar nicht, aber ich kann Spaß haben. Mir ist das Falschsingen nicht peinlich.

Wie beim letzten Mal machen wir gleich zu Beginn eine lustige Übung. In der vorangegangenen Woche sind wir gesessen, haben uns mit beiden Händen einmal auf die Oberschenkel geklopft und anschließend die linke Hand an die Nase und die rechte Hand ans linke Ohr geführt. Dann haben wir uns wieder mit beiden Händen auf die Oberschenkel geklopft, die rechte Hand an die Nase und die linke Hand ans rechte Ohr geführt. Das war lustig, weil manche erst einmal Nase und Ohren suchen mussten.
Heute stehen wir und sollen den rechten Arm nach vorne strecken und den linken Arm auf den Rücken legen. Gleichzeitig heben wir das linke Bein. Das ist leicht. Schwieriger wird es, als wir uns in Bewegung setzen. Natürlich ist immer auf der Seite die Hand auf dem Rücken, auf der auch gerade das Bein oben ist. Ich kann die Übung gut und lache mich kaputt, weil es wirklich lustig aussieht. Ich stelle mir vor, was wohl andere denken, die uns nicht hören, sondern nur von der anderen Seite durch das Fenster beobachten. Für sie würde das wahrscheinlich nach Hühnerstall aussehen. Passend dazu mache ich zur Übung Hühnergeräusche. Das Lachen löst die Anspannung.

Wir singen ein paar Frühlingslieder und einen Kanon und dann ist die Zeit auch schon wieder vorbei. Das dunkelhaarige Mädchen möchte es heute wirklich wissen, denn sie möchte noch am Anschlusskurs teilnehmen. Dort spielen dann Musikinstrumente eine Rolle. Ich freue mich darüber, denn ich glaube, sie wird schnell merken, wie viel Spaß Dinge machen, die man erst noch lernen muss. Niemand erwartet von einem, dass man alles kann.
Ich träume mal wieder wirres Zeug und bin ständig wach. Beim Frühstück bekomme ich von der Kreativen ein Geschenk überreicht. Geschenke auszuwickeln macht einen Tag ganz besonders. Sie hat mir ein Bild gemalt. Es ist ein Bild von den Mumins, und das kleine, grimmig guckende Mädchen im

pinkfarbenen Kleid sitzt im Baum und schaut sich alles aus der Ferne an. Sie hat sich so viel Mühe für mich gemacht und ich bin innerlich sehr gerührt und freue mich darüber. Sie sagt, dass ich unbedingt das Mädchen Klein Mü im Internet suchen solle, weil ihre Eigenschaften recht gut zu mir passen. Ich sehe sie grimmig mit einem Lächeln an, und sie muss lachen.

Nach dem Teamtreff gehe ich zur Gestaltungstherapie. Heute sollen wir einen Koffer mit allen Dingen malen, die wir hier in der Klinik lassen wollen. Ich male meine Schlafstörungen, die männlichen Klamotten, die Tränen, einen Schweinehund und meinen Arbeitgeber mit den Nichtkameraden und den blöden Erlebnissen. Die guten Erlebnisse und Kameraden behalte ich, um mich zu erinnern. Dann sollen wir das Blatt umdrehen und wieder einen Koffer malen mit Dingen, die wir uns wünschen, und Dingen, die wir von hier mitnehmen. Ich male mein Haus und meinen Garten, einen Lebenspartner, der am Grill steht, und meine Freunde. Wir feiern den Erfolg meines kleinen Unternehmens. Ein eigenes Unternehmen, in welchem ich bestimme, wann und wie viel ich arbeite und wann ich mir die Zeit zum Chillen und Grillen nehme. Eine herrliche Vorstellung! Dann muss ich nur noch mit der detaillierten Planung beginnen und meinen Laden auf die Beine stellen.
Die Stunde hat mir viel Spaß gemacht, weil ich wie ein kleines Kind malen konnte. Da haben meine Menschen eben auch mal sechs Finger, doch das ist vollkommen in Ordnung, es interessiert ja niemanden. Als ich nach der Gestaltungstherapie die Cafeteria betrete, sitzt der Bärtige ganz allein an einem Tisch. Er schreibt ebenfalls in sein Tagebuch. Sehr sympathisch.

Später unterhalte ich mich mit meiner Therapeutin und erzähle ihr von meiner Unzufriedenheit. Sie sagt, dass das bei Patienten nach der Problembeichte öfter der Fall ist, weil es augenscheinlich nichts mehr zu bearbeiten gibt. Vielmehr soll ich mich auf die Fortschritte konzentrieren. Ich spreche das Gespräch mit meinen Eltern an. Ihnen habe ich gesagt, dass ich nicht über das gesamte Osterwochenende Besuch von ihnen haben möchte. Die Therapeutin sagt, dass es gut sei, ehrlich zu sein.
Wir sprechen über mein schlechtes Gewissen und sie fragt mich, wie ich meinen Mitmenschen mitteile, wenn ich etwas nicht möchte. Ich erkläre es ihr. Scheinbar ist sie mit meiner Antwort zufrieden. Wir sprechen über Partnerschaft und Kinder. Ich sage ihr ganz genau, welche Gedanken und Entscheidungen ich für mich getroffen habe. Mit dreißig war das ein heikles Thema, weil ich selbst die sogenannte „biologische Uhr" ticken hörte und meine Eltern und Großeltern die Familienplanung immer mal wieder gerne anschnitten. Für mich ist es in Ordnung, wenn ich einen Mann mit Kindern

kennenlerne oder einen ohne Kinder. Wenn er noch Kinder will, dann ist es eben Glückssache, ob mein Körper mitspielt. Die Therapeutin hat hier nichts zu therapieren.
Wir widmen uns dem Thema „Wie lernt man Männer kennen?". Sie findet die Idee meiner Freundin nicht schlecht, die mir immer wieder vorschlägt, mich an einer Online-Flirtbörse anzumelden. Ich will nicht Soldat als Beruf angeben.
„Dann geben Sie Bankkauffrau oder Diplomkauffrau an und denken sich in Klammern dazu ‚bei der Bundeswehr angestellt'."
Ich denke für mich, dass ich ja auch ‚Verteidigungsfachangestellte' schreiben kann. Vielleicht wird es überlesen.

Mit Onlinedating habe ich allerdings auch schon meine Erfahrungen gesammelt. Bei einem Portal machte ich nach zwei enttäuschenden Dates von meinem Rücktrittsrecht Gebrauch, weil ich von den Dates schlechte Laune bekam. Jahre später habe ich dann noch eine kostenlose Plattform ausprobiert. Dort bekam ich Angebote für einen Dreier. Die Therapeutin hält die Idee meiner Freundin dennoch für geeignet, weil ich dann einfach ein wenig flirten kann, und schließlich weiß man ja nie, wozu es gut ist. Ja, aller guten Dinge sind wohl drei. Ich nehme mir vor, dass ich mir spätestens im September ein Profil zulege. Am Ende der Stunde sagt die Therapeutin, dass ich schon sehr weit sei, weil ich genau wisse, was ich wolle. Jetzt müsse ich nur noch am Detailplan arbeiten und mich an die neuen Dinge gewöhnen, und dann sehe das Leben auch schon wieder ganz anders aus.

Ich gehe mit dem Brillenmann und dem Studi in die Therme. Kaum zu glauben, aber der Studi war noch nie in einer Sauna. Das liegt daran, dass er sich selbst nicht mag. Dabei ist er ein sehr attraktiver, junger Kerl, der irgendwie einen falschen Spiegel hat. Leider kann er sich selbst so nicht wahrnehmen. Der Brillenmann hingegen kann sich gut entspannen, denn es ist leer in der Therme. Er bedankt sich, dass ich ihn begleite. Durch die Unterhaltungen kommt er mal auf andere Gedanken. Eigentlich wollte ich meine Ruhe haben, aber ich merke, dass ihm die Gespräche guttun. Meine Ruhe kehrt nachher wieder ein, wenn ich in meinem Zimmer bin. Und genau betrachtet, ist es gar nicht so anstrengend, wie ich es erwartet habe. Ich freue mich, weil er am Ende des Abends zufrieden und entspannt aussieht.

Im Internet suche ich nach den Mumins. Es handelt sich um finnische, nilpferdartige Trollwesen. Klein Mü ist ein Mädchen mit einem roten Kleid. Sie wird als sympathisches Dickköpfchen beschrieben, das durch freche

Sprüche und kleine Streiche auffällt. Ihr Gegenüber durchschaut Klein Mü meist schneller, als es diesem recht ist.

KINDHEITSERINNERUNGEN

Als Kind liebte ich Monchhichis - affenähnliche Puppen mit flauschigen, weichen Körpern, Plastikkopf und Plastikhänden, die ihren Daumen im Mund behalten. Sie begleiteten mich jeden Tag. Bis sie mir in der Schule gestohlen wurden. Ich erinnere mich noch an dieses schmerzhafte Erlebnis: Spielzeugtag, erste Klasse. Mit zwölf Monchhichis zur Schule und allein nach Hause. Ein Erlebnis, das mich an der Ehrlichkeit meiner Mitschüler zweifeln ließ.

Ansonsten hatte ich eine wirklich schöne Kindheit. Mit meinen Eltern und meinem kleinen Bruder wohnte ich in Magdeburg in einer Altbauwohnung auf etwa 92 Quadratmetern. Unsere Altbauwohnung hatte in fast jedem Zimmer einen Kachelofen und wurde mit schwarzer Kohle beheizt. Ich war fasziniert davon, wie ein riesiger LKW bergeweise Kohle durch eine Kellerluke in den Keller rauschen ließ. Wie das staubte! Ich half meinem Papa gerne beim Kohlenschleppen - zwar schaffte ich immer nur wenige Meter mit dem schweren Kohleneimer, doch der Wille war da. Erstaunlicherweise passten immer viel mehr Kohlen in den Eimer, wenn mein Papa sie ungeordnet reinschaufelte, statt sie ordentlich übereinander in den Eimer zu stapeln. Mit der Kohle wurde dann der Badeofen und im Winter zusätzlich das Wohnzimmer beheizt.

In der Kinderkrippe und später auch im Kindergarten war ich morgens um kurz nach sechs Uhr die Erste vor Ort und konnte vor allen anderen mit meinen Lieblingsspielzeugen allein sein. Meine Eltern waren immer schon sehr früh arbeiten und mein Papa arbeitete in Schichten.

Ich puzzelte für mein Leben gerne. Daran hat sich übrigens bis heute nichts geändert. Ich liebte bunte und symmetrische Formen und hatte eine Menge Plastikwürfel, in denen kleine Metallkugeln nur darauf warteten, durch eine kleine Öffnung bugsiert zu werden, indem man die Würfel entsprechend drehte und wendete. Auch Spielkarten begeisterten mich. Stundenlang beschäftigte ich mich damit, mir Buben und Königinnen anzusehen. Bereits im Alter von sechs Jahren zeigte mir meine Mutti, wie man mit den Karten Patiencen legt. In der heutigen Zeit sagt man „Solitär“ dazu und spielt es eher am Computer. Dinge ordnen und sortieren, träumen, spielen und lesen ... ich brauchte keinen

Fernseher, was wahrscheinlich auch daran lag, dass wir sowieso keine große Programmauswahl hatten.

Meine Eltern verbrachten viel Zeit mit uns. Im Herbst sammelten wir Eicheln und Kastanien und bauten daraus mit Streichhölzern kleine Männchen, die wir als Deko in unser Zimmer stellten. Ein anderes Mal bastelten wir aus zwei Holzleisten und Tapete einen großen Drachen. Ich hatte sehr viel Spaß dabei, dem Drachen mit meinen Tuschfarben ein Gesicht zu malen und bunte Schleifen aus Krepppapier an das lange Band zu binden. Ich glaube, die Bastelei dauerte einen ganzen Samstag. Am Sonntag sollte er endlich fliegen. Vor lauter Aufregung konnte ich kaum schlafen. Dann war es so weit. Im Pionierpark machten wir den Drachen flugfertig. Und dann? Es geschah nichts. Er hob einfach nicht ab.
„Du musst schneller laufen", motivierte mich meine Mutti lachend. Ich rannte mir sprichwörtlich die Füße wund und geriet außer Puste, doch es war nichts zu machen – der Drachen wollte nicht fliegen. Aber er sah schön aus, immerhin.

Seit ich denken kann, liebe ich Essen. Das traf sich sehr gut, denn meine Eltern sind Köche. Sie sorgten immer dafür, dass wir richtig gesundes und leckeres Essen auf den Tisch bekamen. Außerdem wurde in der Küche viel gelacht. Einmal saßen wir zu viert in der Küche. Meine Eltern hatten eine neue Frucht von der Arbeit mit nach Hause gebracht. Zwei haarige Dinger lagen in der Tischmitte und wurden von uns mit großen Augen bestaunt. Mein Vati zerteilte die Frucht mit einem großen Messer in der Mitte und zeigte uns, wie man eine Kiwi isst.

Wenn ich meine Großeltern mütterlicherseits besuchte, spielte ich mit der Tochter der Nachbarin oder mit meiner Katze, grub im Hühnergarten mit einem Spaten nach Regenwürmern oder tollte mit meinem Bruder, meinen Cousins und Cousinen im Matsch. Im Garten meiner Großeltern standen viele Obstbäume und während der Kirschenzeit kletterte ich über die Leiter in den Baum und spuckte die Kirschkerne so weit, wie ich konnte.

Mein Opa baute im Garten zudem auch Erbsen, Bohnen, Erdbeeren und Kartoffeln an und fütterte kleine Schweine, Kaninchen sowie Hühner-und Entenküken. Jedes Jahr wurde ich aufs Neue ermahnt, den Tieren keinen Namen zu geben, da sie irgendwann als Braten auf dem Tisch landen würden. Ich streichelte sie liebevoll und blendete aus, dass sie als Mahlzeiten vorgesehen waren. Noch sehr genau kann ich mich an den ersten Schlachttag erinnern. An diesem Wochenende verlief alles ganz anders als sonst. Am Freitag traf die Familie im Haus der Großeltern ein und bereitete alles vor: Die großen Holzmollen vom Boden wurden mit heißem Wasser abgeschrubbt, die Garage wurde geleert und gefegt und in der Waschküche wurde ein langer Tisch aufgebaut. Am Samstag standen wir früh auf und nach einem kurzen Frühstück liefen alle aufgeregt durcheinander. Schließlich wurde das Schwein aus dem Stall in die Garage gebracht und die Türen wurden geschlossen. Ich erinnere mich noch sehr gut daran, wie das Schwein in der Garage verzweifelt quiekte. Es knallte einmal laut, dann war es ruhig. Ich hatte das Tier so viel gestreichelt und gefüttert. Es muss ein glückliches Schwein gewesen sein.

Innerhalb kürzester Zeit war die Luft erfüllt von einem metallenen Geruch, den ich nicht mochte. Ich verließ traurig das Haus und setzte mich auf den Hof.
‚Schlachten kann ja nicht ewig dauern', dachte ich mir. Neugierig öffnete ich die Haustür, schlich vier Meter durch die Veranda und öffnete langsam die Tür zur Waschküche. Ich blickte in den hellen Raum und hatte nur Augen für meine Oma. Sie war mit ihrem Arm bis zum Ellbogen in einer Molle verschwunden und rührte das Blut für die Rotwurst. Pfeffer und andere Gewürze flogen durch die Luft und landeten in einzelnen Schüsseln und Mollen. Ich musste immer wieder niesen, mir war schlecht und ich verschwand für die restliche Zeit zur Nachbarin.

Am Abend zog ein Geruch von frisch geräucherter Wurst durch das ganze Haus und es gab ein Schlachte-Abendbrot. Es wurde gegessen, was auf den Tisch kam, und wir mussten immer wenigstens probieren. Besonders schlimm war es für mich, wenn es Innereien wie zum Beispiel gebratene Leber gab. Da sträubte sich in mir alles und es gab viel Geheule und Geschrei. Bei meinen Großeltern konnte ich mir auch nicht aussuchen, was ich auf mein Brot bekam. Nach dem Schlachten gab es Leberwurst. Ich sagte nichts, sondern biss Happen für Happen ab und kaute diese zu einem Brei, den ich dann zwischen den Zähnen und der Wange hamsterte. Nach dem Essen spuckte ich den Brei in die Toilette. Dies funktionierte sehr gut, bis meine Oma eines Tages dahinterkam. Sie erwischte mich beim Hamstern und ließ mich den ganzen Klumpen auf meinen Teller ausspucken. Dann sagte sie: „Damit du es richtig lernst, wirst du das jetzt essen, und nach jedem Happen machst du den Mund auf und zeigst mir, dass er leer ist."

Nie werde ich den Blick meiner Tante und meiner Mutti vergessen, wie sie mitleidig und angeekelt die Küchentür hinter sich schlossen und mich allein mit meiner Oma zurückließen. Ich glaube, meine Oma war eine durchsetzungsstarke Frau und hatte sowohl ihre Kinder als auch die Enkel im Griff.

An einem anderen sonnigen Tag war das Federvieh an der Reihe. Scheinbar ahnten die Enten und Hühner, was passieren würde, denn sie gackerten laut und flatterten herum, als mein Opa den Stall betrat und die Tiere einfing. Und dann war mit einem Beilhieb der Kopf ab und Ruhe. Die Tiere wurden anschließend mit heißem Wasser übergossen, damit sich die Federn besser lösten. Meine Oma saß im Hof auf einem alten Stuhl und rupfte die Tiere. Der Geruch, der mir in die Nase stieg, und das Bild, das sich mir bot, waren eklig. Lustig fand ich immer den Ausdruck „dem Kaninchen das Fell über die Ohren ziehen“ – zumindest so lange, bis das Fell über dem Hühnerzaun hing und mir klar wurde, was der Satz eigentlich bedeutete.

AKTIV, ATTRAKTIV, ANDERS

Ich habe gefühlt ewig wach gelegen und gegrübelt. Das nervt, und da hilft es auch nicht, „STOP" zu denken. Der Kopf denkt einfach weiter. Ich stehe auf und fühle mich einmal mehr wie gerädert. Beim Blick aus dem Fenster graut es mir, denn grau und trübe ist auch das Wetter. Heute soll mein Paten-Patient ankommen. Ich bin gespannt. Hoffentlich ein Zivilist. Ich ziehe mich nett an und gehe mit einer Zeitschrift in die Cafeteria. Dieses Bedürfnis hatte ich noch nie.
Die Nichttrinkerin setzt sich zu mir. Sie hat die Aufgabe bekommen, in der Öffentlichkeit und im Beisein von anderen Leuten ein Getränk zu sich zu nehmen. Es muss echt ein schlimmes Gefühl sein, wenn sich der Hals zuschnürt und man nichts mehr runterbekommt. Auf ihrem Zimmer schafft sie über den Tag verteilt mittlerweile einen Liter. Für die halbe Tasse Kaffee braucht sie fast 30 Minuten.
Ich gehe zum letzten Mal zur Genussgruppe. Heute dreht sich alles um die Geschmacks- und Geruchsnerven. Wir probieren Käse, verzehren Physalis, Salami, Erdbeeren und Schokolade mit Meersalz. Dann schnuppern wir an unterschiedlichen Ölen und beschreiben die Gerüche. Dabei fällt mir auf, dass es gar nicht so einfach ist, zu beschreiben, was man riecht. Das Öl duftet jedenfalls wie Nimm-zwei-Bonbons.

Dann werte ich mit der Co-Therapeutin das Video vom Montag aus. Ich komme mir etwas dämlich dabei vor. Wir analysieren Mimik und Gestik und überlegen, was ich hätte besser machen können. In der nächsten Woche soll sich diese Szene wiederholen, nur mit dem Unterschied, dass ich diesmal so reagiere, wie ich es im letzten Jahr hätte tun sollen. Dann ist es mal ausgesprochen. Zwar nur simuliert,[39] *aber ich soll das Gefühl abspeichern, damit ich aus dem Gespräch nicht (wieder) als Verliererin hinausgehe. Verlierer sein ist Ansichtssache.*

In der Sporthalle steht Volleyball auf dem Plan. Meine Lust ist begrenzt, aber Bewegung tut mir gut. Mit einem Volleyball aus Schaumstoff und geänderten Regeln kann nicht viel passieren. Wir spielen ohne Punkte, dann

[39] Ich lernte, mein Gegenüber immer wieder auf die Sachebene zurückzuholen, wenn dieser sie verließ, um mich emotional zu verletzen.

gewinnen alle. Eine herrlich heile Welt. Ich bin, ehrlich gesagt, froh, als es vorbei ist und ich unter die Dusche kann.

Anschließend gehe ich meinen Paten-Patienten abholen. Als sich die Tür öffnet, bin ich verwirrt. Vor mir steht ein sehr junger Mann, der wie ein kleiner Junge wirkt. Er ist zurückhaltend und ganz leise, wie es eben so ist, wenn man völlig verstrahlt hier ankommt und keine Ahnung hat, was auf einen wartet.
Ich drehe mit ihm eine kleine Runde durch das Haus und zeige ihm die Medizinische Zentrale, die Cafeteria, sein Postfach und den Ort, an dem er in den nächsten Wochen sein Essen einnimmt. Wir bleiben gleich zum Abendessen da. Er ist Soldat. Ich versorge ihn mit einigen Informationen zum morgigen Tag und sehe zu, dass ich wegkomme.

Es ist schon wieder Freitag. Die Zeit vergeht wirklich sehr schnell. In drei Wochen habe ich mein erstes Vorstellungsgespräch und ich freue mich sehr darauf. Aufgeregt bin ich gar nicht, denn ich habe ja nichts zu verlieren, ganz im Gegenteil.

Jetzt aber schäle ich mich erst einmal widerwillig aus dem Bett und gehe zum Walken. Eigentlich würde ich gerne verzichten, doch ich möchte mich an meinen Stundenplan halten. Würde ich es lassen, hätte ich ein schlechtes Gewissen: einerseits, weil der Therapeut sich jedes Mal sehr große Mühe gibt, und andererseits weiß ich, dass ich mich hinterher freue.

Nach dem Teamtreff ist die Nichttrinkerin mit ihrer Problembeichte an der Reihe. Auch sie fühlt sich hinterher sehr erleichtert und freut sich über diverse Verbesserungsvorschläge. Außerdem fällt ihr auf, wie viele Fortschritte sie schon gemacht hat. Nach der Stunde fragt sie mich, ob wir üben können, wie man Wut ausdrückt. Oh ja, sehr gerne! Fluchen in verschiedenen Lautstärken kann ich sehr gut. Wie Händezerkratzen geht, zeige ich ihr aber lieber nicht. Ich werde mich auf die schmerzfreien Ausdrucksweisen beschränken. Sie freut sich darauf.

Beim Stretching genieße ich am meisten die Übungen, bei denen man auf der Matte rumgammeln kann. Die sind mir wirklich am liebsten. Leider liegen wir bei insgesamt 30 Minuten Stretching nur fünf Minuten auf der Matte. Ausbaufähig.

Nach dem Mittagessen beschließen wir, mal wieder nach Hameln zu fahren. Diesmal soll es in ein Einkaufszentrum gehen. Wir grasen zwei von drei

Ebenen ab. Ich freue mich über einen Frozen Yogurt als Belohnung. Unterwegs sehen wir den Studi. Er ist mit der Kreativen und dem Kuckuck unterwegs. Die Kreative hilft auch ihm beim Umstyling. Er sah zu Beginn wohl aus wie sein eigener Opa, zumindest sagen das die anderen. Der Kuckuck ist ein überaus liebenswerter, runder Mann, der sehr gutherzig und Gerichtsvollzieher ist. Da er selbst keine Kinder hat, bezahlt er dem Studi ein komplettes Outfit und freut sich über dessen Freude. Er spendiert gerne, möchte aber nicht, dass es andere Menschen wissen, denn er steht nicht gerne im Mittelpunkt.

Wir treffen die Pastorin, den Bärtigen und den Hungerhaken. Ich nenne sie so, weil sie so abgemagert ist. Immer wenn ich sie sehe, habe ich das Bedürfnis, sie mit Sahne zu füttern. Wir beschließen, mit der vergrößerten Gruppe einen Kaffee trinken zu gehen. Die Wahl fällt auf ein Café, in welchem ich schlechte Laune bekomme. Die Eiszubereitung dauert gefühlt Stunden, also bestelle ich es ab. Die Tür öffnet sich ununterbrochen und die Kälte zieht hinein. Der Laden wird aktuell umgestaltet. Ungemütlich war es vom ersten Augenblick an. Ich bin stinksauer, aber motiviert, mich zurückzuhalten. Aufregen bringt in diesem Fall nichts. Stattdessen lieber durchatmen. Endlich können wir gehen.

Wir schlendern weiter und landen in einem anderen Geschäft. Hier gefallen mir einige Sachen. Am Ende habe ich eine Tüte voller bunter Kleider und ich freue mich auf den Sommer. Das Konto ist bestimmt schon ordentlich geschrumpft bei den vielen Abbuchungen. Nicht weiter drüber nachdenken. Es ist ja nur Geld und es ist genug davon da.

6:23 Uhr. Das dunkelhaarige Mädchen hat mir gestern Abend noch eine SMS geschrieben. Sie wollte sich von mir eine Meinung zum Thema Walken einholen. Zu diesem Zeitpunkt habe ich bereits geschlafen, nun bin ich aber wach und bereit zum Walken. Ich hoffe, dass sie noch schläft, dann muss ich nicht aufstehen. Aber sie schläft nicht mehr. Wenige Momente später sind wir um 7:00 Uhr verabredet. Wir unterhalten uns über den Flugzeugabsturz in den Alpen.[40] Vielleicht nimmt man Depressionen als Krankheitsbild jetzt ernster. Wir sind beide böse über die wilden Spekulationen und den Aktionismus, der nach einem Unglück immer gefahren wird. Ich bin mir ziemlich sicher, dass es auch dort schon

---

[40] Absturz eines Airbus am 24. März 2015 in den französischen Alpen (Germanwings-Flug 9525).

mindestens einmal eine Person gegeben hat, die einen Verbesserungsvorschlag für die Flugsicherheit herausbrachte und nicht gehört wurde.

Nach dem Frühstück gehen wir spazieren und von dort aus steuere ich auf das Werken zu. Heute werde ich den Meisenkasten lackieren, dann brauche ich ihn am Mittwoch nur noch zusammenbauen und kann danach etwas anderes machen. Beim Werken unterhalte ich mich mit dem Flugzeugschrauber. Er ist nett und es ist ihm unangenehm zu sagen, dass er bei der Bundeswehr ist. Anscheinend hat er einiges erlebt. Ich höre ihm gerne zu, denn er hat eine sehr angenehme Stimme.

Wenn man den Leuten hier zuhört, dann nennen manche diese Klinik die „3-D-Klinik". Die drei Ds stehen für „Dünne, Dicke und Durchgedrehte". Die Klinik wird auch als „Ballerburg" oder „Klapse" bezeichnet. Im Stillen wehre ich mich dagegen. Ich habe gelernt, dass ich nur manche Dinge akzeptieren muss. Ich kann mich distanzieren und mein Verhalten ändern.

„LEIDEN SIE LEISE" – DER WEG IN DIE KRISE

Während meiner Ausbildung zum Offizier fiel oft der Spruch: „Leiden Sie leise. Sie müssen Ihre Grenzen kennenlernen und diese überwinden." Oder: „Wer lacht, hat Reserven."
Diese Weisheiten nahm ich mir vom ersten Tag an zu Herzen. Mehr noch: Ich übernahm die Sprüche und gab sie selbst weiter, als ich später Gruppenführerin war.

Früh habe ich das Leiden erlernt. Bis zu meinem 14. Lebensjahr lebte ich in Magdeburg, doch meine Eltern zogen mit mir in ein Dorf, und so musste ich schweren Herzens meine coole Skater-Clique zurücklassen und mich ab diesem Zeitpunkt mit der eher rechts orientierten Dorfjugend arrangieren. Ich hielt es für sinnvoll, meine hüftlangen Haare demonstrativ mit Ostereierfarbe grün und rot zu färben. Nach der Schule ließ ich mich draußen nicht mehr blicken und guckte lieber in meine Bücher oder in den Fernseher.
In der Schule bekam ich Einsen und Zweien, deshalb hatte ich nicht viel zu lachen und lag irgendwann mit einer Gehirnerschütterung im Krankenhaus. Es trat ein, was mir bei meiner Ankunft in Aussicht gestellt worden war: „Entweder du bekommst Dreien und Vieren und gehörst zu uns, oder du bekommst Einsen und Zweien – dann bist du ein Streber und wirst schon sehen, was du davon hast."

Meine Eltern sagten damals, dass man sich nicht alles gefallen lassen darf, sonst trampeln andere Menschen ewig auf einem herum. Sie hatten recht und ich die Schmerzen. Am Ende habe ich die Schule mit Einsen abgeschlossen, denn ich war von meiner Sache überzeugt. Und ich habe es durchgezogen – koste es, was es wolle. Der nächste Krankenhausaufenthalt war die Blinddarmnotoperation im Jahr 2014. Davor habe ich einige Jahre gelitten. Aber ganz leise.

Während meiner Bankausbildung fuhr ich 2003 mit einem Kollegen von der Arbeit über die Landstraße nach Hause. Ganz automatisch griff ich zum Telefon, noch bevor das Auto vor uns und der entgegenkommende Wagen kollidierten. Wir hielten an und stiegen aus, um die Unfallstelle zu sichern. Ich half der geschockten Frau im Auto vor uns und wickelte ihr einen Verband um den angeschlagenen Kopf und das stark blutende Knie.

Anschließend half ich meinem Kollegen mit dem Fahrer des anderen Fahrzeugs. Dieses war vollbeladen mit Getränkeflaschen und hatte sich bei dem Unfall überschlagen. Überall lagen Flaschen auf der Straße. Irgendwann übernahmen die Rettungskräfte, und nachdem die Polizei unsere Daten aufgenommen hatte, sah ich, wie der Rettungsarzt eine Plane über den Fahrer zog. Er hatte es nicht geschafft und war noch am Unfallort verstorben. Ich selbst kam leichenblass nach Hause und saß weinend am Abendbrottisch, ohne einen Bissen hinunterzubekommen. Das Leben kann so schnell vorbei sein.

Während meines Vordiploms hatte ich trotz guter Leistungen immer wieder Angst, den Abschluss nicht zu schaffen. Jede freie Minute lernte ich und setzte mich unter Druck, anstatt das Hamburger Nachtleben zu genießen und auf den Wohnebenen[41] Partys zu feiern. Diesen Teil konnte ich mit der Unipsychologin innerhalb von drei Gesprächen aufklären – ich wollte meine Eltern nicht enttäuschen und gut genug sein.

2008 saß ich an der Uni auf meinem Bett und lernte mal wieder für eine Klausur, als mich eine Kameradin anrief und sagte: „Hast du schon gehört? Auf der Gorch Fock ist eine über Bord gegangen."
Wir zwei hatten uns damals in Plön bei der Ausbildung „Posten und Streifen" noch über meine Sicherheitsbedenken beim Posten „Ausguck" auf der Gorch Fock unterhalten. Sofort schossen mir diese Gedanken und Worte durch den Kopf und die Tränen in die Augen. Mir war schlecht und ich war erschrocken – über das Geschehene und über meine unausgesprochenen Gedanken zu diesem Thema. Das war so einschneidend, dass ich mir selbst schwor, ab sofort immer meine Bedenken zu äußern, wenn ich die Sicherheit von Menschen gefährdet sehen sollte – unabhängig davon, welche Konsequenzen für mich folgen würden. Denn das Leben und unsere Gesundheit sind das Kostbarste, was wir haben.

Im Jahr 2009 folgte nach der Uni meine Versetzung in das Logistikbataillon. Eine sinnvolle Aufgabe hatte ich selten und ich fühlte mich unterfordert. Irgendwann setzte mich mein Chef als seine Stellvertreterin ein mit den Worten: „Sie sind mein Kettenhund, dann ist hier hinterher Ordnung in der Kompanie."
Andere hörte ich sagen: „Sie ist wie ein Stahlträger: knallhart und biegt sich nicht so leicht." Diese Worte taten weh, aber ich äußerte mich nicht

[41] An den Bundeswehruniversitäten wohnen Soldaten unterschiedlicher Studienjahrgänge in einer Wohneinheit WG-ähnlich zusammen.

dazu, sondern machte meine Arbeit. Am Ende meiner ersten drei Wochen als stellvertretende Kompaniechefin brachten die Feldjäger am letzten Morgen zwei stark alkoholisierte Soldaten in mein Büro. Ich führte strukturiert und innerhalb von kürzester Zeit das erste Mal Ermittlungen durch – und dann gleich in einem Sonderfall. Die Soldaten hatten einen Obdachlosen grundlos angegriffen, sodass dieser mit einem Schädelbasisbruch ins Krankenhaus eingeliefert werden musste. Die beiden Soldaten wurden von mir umgehend aus dem Dienst (und später aus der Bundeswehr) entfernt.
„Du bist viel zu hart“, bekam ich Gegenwind von meinem Offizierskameraden. „Das sind doch sonst gute Soldaten, und die brauchen wir.“
Die Worte konnte ich gut wegstecken, wenn ich dafür auch kein Verständnis hatte. Um die Videoaufnahmen von der Tat zu verdauen, brauchte ich länger. Sie brannten sich auf meiner Festplatte ein. Den Rest klärten die Gerichte.

Während meines ersten Führungspraktikums 2005 lernte ich meinen damaligen Freund kennen. Um geliebt zu werden, passte ich mich mehr und mehr seinen Bedürfnissen an und schraubte meine eigenen Bedürfnisse immer weiter zurück. Meist ging er allen Konflikten aus dem Weg und „hungerte“ mich aus, indem er nicht mit mir sprach und mich so lange ignorierte, bis ich mich vor lauter Hunger und Schlaflosigkeit entschuldigt hatte. Dies tat ich spätestens nach zwei Tagen. Irgendwann hatte ich keine Lust mehr, mich aufzulehnen, und nahm alles hin, wie es war. Ich hatte nicht die Kraft, mich zu trennen – und was würde mein Umfeld von mir denken? Statt auf mein Bauchgefühl zu hören, argumentierte ich mit dem Kopf und nahm sein Verhalten in Schutz. Das meiste erzählte ich niemandem, sondern machte es mit mir selbst aus. Nach außen wahrte ich die „Heile-Welt-Fassade“ und nachts heulte ich mich in den Schlaf. Mir wurde bewusst, dass diese Beziehung kein gutes Ende nehmen würde, doch ich heiratete ihn trotzdem, weil er mir unter Tränen versprach, dass sich alles ändern würde. Naiv – ein Zettel und ein Ring änderten weder sein noch mein Verhalten.
Schon länger hatte ich mich von meinen Freunden distanziert und auch niemandem erzählt, wie es mir eigentlich ging. Nach außen war ich stark und innen ein Häufchen Elend, während alle dachten, ich hätte mein Leben im Griff. Immer öfter dachte ich über eine Trennung nach, sah aber das Haus und die daran gebundenen finanziellen Verbindlichkeiten. Es gab Tage, da erschien mir die Last so erdrückend, dass ich lieber tot gewesen wäre. Es wurde mir alles zu viel, deswegen wurde ich immer weniger. Ich hungerte und litt an Schlafstörungen. Eines Nachmittags

fuhr ich vom Dienst nach Hause und dachte beim Fahren, dass das alles zu Ende wäre, wenn ich einfach mit dem Auto gegen einen Baum fahren würde. Diese Gedanken erschreckten mich so sehr, dass ich eine Freundin anrufen musste. Sie drängte mich dazu, zu einem Arzt zu gehen. Ich musste es ihr versprechen. „Versprochen ist versprochen und wird auch nicht gebrochen." Am nächsten Tag ging ich mit Schulterproblemen zum Arzt. Die Last war einfach zu groß geworden. Ich bekam Massagen verschrieben. Dann sah mich der Arzt an und meinte zu mir: „Sie sehen nicht gut aus. Weswegen sind Sie wirklich hier?"
Ich brach in Tränen aus, erzählte ein bisschen, und er schrieb mich krank mit Verdacht auf Depression.

Ich bekam zehn Stunden Therapie – mehr wollte ich nicht. ‚Wie sieht das denn in der Akte aus, wenn ich Berufssoldat werden möchte', dachte ich. Es reichte ja schon, dass mein Chef mir sagte, wie enttäuscht er von mir war. Nun aber war mein Leidensdruck hoch genug, dass es mir egal war, was andere über mich dachten. Meinem Chef sagte ich nur, dass er sich hinten anstellen könne, denn die Schlange der Enttäuschten würde demnächst sehr lang werden.

Meine Depression behandelte ich lediglich oberflächlich, indem ich mich 2010, nach nur neun Monaten Ehe, trennte. Es lag nicht an meinem Mann, es lag an mir. Ich wollte einfach nicht so geliebt werden, wie er mich liebte. Meine Familie und meine Freunde fielen aus allen Wolken. Wenn ich doch nur etwas gesagt hätte. Hatte ich aber nicht. Es folgten erwachsene Gespräche statt Rosenkrieg und Gezanke. Trotzdem tat es weh, denn mein Lebensplan war gescheitert. Geschieden mit 28. Unperfekt und in meinen Augen nicht gut genug. Ich schämte mich in Grund und Boden. Dann ging der „Marineküstenklatsch" los: Ich hätte ihn betrogen, er hätte mich belogen, er wäre zeugungsunfähig und ich wollte unbedingt ein Baby. Die meisten redeten lieber hinter meinem Rücken als mit mir. Eine Kameradin sprach mich irgendwann darauf an und erzählte mir, was sie bereits alles gehört hatte. Sie wollte wissen, was denn nun stimmte. Ich erklärte ihr, dass nichts von alldem stimmte und dass ich einfach nur unglücklich gewesen war und mich deshalb getrennt hatte.
„Echt? Das ist ja unspektakulär."
Nächstes Thema.

Im Juni 2010 wurde ich als Hörsaalleiterin an die Marineschule versetzt. „Das ist doch nur der Tittenbonus und weil du lange Haare hast", sagte ein Kamerad in seiner einfühlsamen Art. „Deinetwegen kann jetzt jemand, der dran wäre, nicht befördert werden, weil du den Dienstposten blockierst." Das tat weh, doch gleichzeitig war ich aus meiner Sicht genau die Richtige für diesen Posten.

Früher als Offizieranwärter hatte ich mich gefragt, wieso der Hörsaalleiter den Hörsaal das ganze Jahr über begleitete, außer wenn es auf die Gorch Fock ging. Ich wollte wissen, wie es dort als Offizier ist, wenn man nicht in einer Hängematte schläft und in der Offiziersmesse essen kann. Ich war neugierig. Gleichzeitig war es mir aufgrund meiner eigenen Erfahrung sehr wichtig, als Kadettenoffizier mitzufahren. Wenn nur ein Soldat so wäre wie ich – Zähne zusammenbeißen, sich nichts anmerken lassen, keine Schwäche zeigen, nicht aufgeben, sondern durchhalten, koste es was es wolle –, wäre es gefährlich. Ich durfte nicht mitfahren.
Ein paar Monate später geschah das nächste Unglück auf der Gorch Fock, als eine Kameradin aus dem Mast fiel und starb. Ich weinte heimlich für mich allein. Ich war traurig und wütend. Jetzt war ich zwar Offizier, hatte aber trotzdem nichts zu melden und den Unfall nicht verhindern können. Das war schlimm für mich. Noch schlimmer war, dass ich danach die Kameraden betreuen musste, die den Unfall miterlebt hatten. Gemeinsam froren wir uns auf dem Truppenübungsplatz und im Panzermuseum in Munster den Hintern ab. Während sie darüber sprachen, was sie belastete, hielt ich meinen Mund und hörte zu.

Ich fühlte mich, als würde ich bestraft werden. Da half mir auch keine Leistungsprämie. Ich reflektierte, dass ich nicht verantwortlich war, und doch wollte das Gefühl nicht dazu passen. Mein Herz sagte etwas anderes. Erst machte es mir zu schaffen und dann machte es mich härter und verbissener. Sobald es um die Sicherheit meiner Soldaten ging, ließ ich nicht mit mir reden und hatte eine sehr kurze Zündschnur. Auch das konnte nicht gutgehen.

Als ich 2013 gerade zum Kapitänleutnant befördert worden war, wurde ich Inspektionschefin an der Marineunteroffizierschule in Plön. Da hätte wohl jemand einen Stehschreibtisch gehabt und pushe Quotenfrauen nach oben, meinte einer zu mir. Ich lächelte es weg, war aber traurig, weil der Kamerad nicht einmal in Erwägung zog, dass ich möglicherweise den

Dienstposten gemäß Eignung, Leistung und Befähigung bekommen hatte. Die Traurigkeit blendete ich schnell aus, um fokussiert zu arbeiten, denn nun war ich für mehr als 100 Soldaten verantwortlich.

In der Waffenkammer fand sich wenig funktionsfähiges Material für die Ausbildung der Soldaten. Dazu kamen der seit Jahren bestehende und bekannte Personalengpass bei meinen Ausbildern und die immer knappere Ausbildungszeit. Die Einstellung zum Dienst empfand ich bei einigen Soldaten und Soldatinnen als unterirdisch. Soldat sein als Job, weil es zivil nicht geklappt hat, ist keine Grundlage, auf die sich aufbauen lässt. Einige schossen meinen Ausbildern vor die Füße, weil sie ihre Waffe nicht unter Kontrolle hatten. Ich war wachsam und kommunizierte unmissverständlich. Dabei eckte ich mit meinem Verhalten bei meinen Vorgesetzten immer wieder an und bekam jede Menge Gegenwind. Das Sitzen zwischen zwei Stühlen strapazierte Körper und Geist. Ich war keine bequeme Soldatin. Nie. Bei der Sicherheit und der Gesundheit von Menschen ging ich kein Risiko ein. Mich selbst aber vergaß ich dabei völlig.

Um mich mit positiven Dingen zu beschäftigen, entwickelte ich Ausbildungsmittel. Ich wollte meine Situation verbessern und einen Mehrwert für alle Soldaten schaffen. Mein Vorschlag wurde von der Bundesministerin der Verteidigung sogar prämiert. Allerdings änderte sich mein Alltag nicht wie erhofft ins Positive.

Krisen können durch ein traumatisches Erlebnis von einer Minute auf die andere entstehen oder wie in meinem Fall schleichend und unbewusst. Emotional war ich vollkommen abgestumpft und fühlte immer weniger. Meine Emotionen befanden sich im Ruhemodus. Ich simulierte viel, damit mich mein Umfeld nicht für verrückt hielt. Verrückt. In mir hatte sich eine Leere ausgebreitet, ein großes, schwarzes Loch, welches ich mit Büchern, Möbeln, Männern, Schuhen und Klamotten, die mir nicht passten, zu stopfen versuchte. Mein Kleiderschrank hortete Frustkäufe, die ich nie anzog.

STREITKRAFT

Als ich Chef wurde, boykottierte mein Stellvertreter von Anfang an meine Arbeit. Ich sorgte dafür, dass der Crewkamerad schnellstmöglich versetzt wurde, und arbeitete mit meinen Soldaten am Zusammenhalt innerhalb des Teams. Mit meinem neuen Stellvertreter lief die Arbeit Hand in Hand, offen und ehrlich. Als ich nach einigen Monaten seine Versetzungsankündigung auf meinem Schreibtisch liegen hatte, freute ich mich für ihn. In der Nacht setzte dann jedoch ein dramatisches Gedankenkarussell ein und drehte sich so schnell, dass mir der Atem stockte. Wie aus dem Nichts kam die erste Panikattacke. Ich konnte nicht atmen, bekam keine Luft und hatte Angst zu ersticken. Wie sollte ich es bloß ohne ihn schaffen? Er war weg. Ich blieb.
Weiterhin stellte ich Anträge auf mehr Ausbildungspersonal oder weniger Lehrgangsteilnehmer.
„Dafür gebe ich meinen Namen nicht her. Wir machen uns damit lächerlich", waren die Worte eines Vorgesetzten. Er leitete meine Anträge nicht weiter. Stellen wurden nicht besetzt, die Überstunden nahmen unverantwortliche Ausmaße an, und dann fiel die erste Soldatin mit einem Burnout aus. Ich versuchte, sie zu schützen, aber es gelang mir nicht. So fühlte ich mich immer hilfloser.

In Besprechungen wies ich auf Fehler hin. Die Reaktion darauf: „Sie sind die Einzige mit diesem Problem. Das können wir gerne unter vier Augen beim Kaffee klären."
Ich war nicht die Einzige und hatte die Unterstützung meiner Chefkameraden. Erst als sie meine Aussagen bestätigten, wurden die Punkte auf die Agenda gesetzt und Themen ernst genommen. Chef ist eben nicht gleich Chef. Ich begann, mich minderwertig und nicht gut genug zu fühlen.

Eines Tages beschwerte sich einer meiner Soldaten über eine Situation. Ich prüfte die Zuständigkeit und leitete die Beschwerde an die betreffende Stelle weiter. Doch anstatt diese Beschwerde entsprechend zu bearbeiten, wurde ich von dem zuständigen Vorgesetzten dazu aufgefordert, im Beschwerdeverfahren auf meinen Rekruten Einfluss zu nehmen, sodass er die Beschwerde zurücknehmen würde. Ich bekam

Magenschmerzen, denn ich würde mich damit strafbar machen.[42] Da ich mich instrumentalisiert fühlte, meldete ich den Vorfall an meinen direkten Vorgesetzten. Dieser wunderte sich darüber, dass mir das so zu schaffen machte, und unternahm – nichts. Je höher ich kam, desto weniger verstand ich das System. Entsetzt wollte ich es nicht wahrhaben. Ich störte den Frieden im Dienst erheblich, wurde immer mehr unter Druck gesetzt, und die ersten Schlafstörungen begannen mich zu plagen. Mir wurde vorgeworfen, meine Soldaten nicht richtig zu führen. Dieser Vorwurf traf mich hart und ich forderte ein Coaching-Team des Zentrums Innere Führung aus Koblenz an, um mein Führungsverhalten überprüfen zu lassen. Einen Termin bekam ich erst acht Monate später – im Januar 2015. Bis dahin machte ich meinen Dienst genauso weiter wie zuvor. Wenn es notwendig war und Soldaten auffällig wurden, ermittelte ich und verhängte Disziplinarmaßnahmen, falls diese angebracht waren. Allerdings passierte es in manchen Fällen, dass meine verhängten Maßnahmen von höherer Stelle aufgehoben wurden, damit sie sich nicht als karriereschädlich für Vorgesetzte auswirkten. Die Rechtsberater, die mich in meinen Fällen unterstützten, schüttelten verständnislos den Kopf.[43]

Eine Freundin empfahl mir schon seit Jahren, mehr für meine Gesundheit zu tun, und legte mir immer wieder die Karten. Ich buchte für Oktober eine zivile Kur – „Kurlaub" – im Ausland. Niemand sollte merken, wie schlecht es mir ging, und ich hatte etwas, worauf ich mich freuen konnte. Meinen Soldaten sagte ich immer mal wieder, dass es richtig und wichtig sei, mit einer psychischen Belastung vorstellig zu werden. Man sieht sie nicht von außen, und doch ist sie da. Ich machte ihnen Mut, offen mit dem Thema umzugehen. Dabei hatte ich selbst längst den Mut verloren, mir einzugestehen, dass ich bereits sehr krank war.

---

[42] § 35 Wehrstrafgesetz, Unterdrücken von Beschwerden:
(1) Wer einen Untergebenen durch Befehle, Drohungen, Versprechungen, Geschenke oder sonst auf pflichtwidrige Weise davon abhält, Eingaben, Meldungen oder Beschwerden (...) anzubringen, Anzeige zu erstatten oder von einem Rechtsbehelf Gebrauch zu machen, wird mit Freiheitsstrafe bis zu drei Jahren bestraft.
(2) Ebenso wird bestraft, wer eine solche Erklärung, zu deren Prüfung oder Weitergabe er dienstlich verpflichtet ist, unterdrückt.
(3) Der Versuch ist strafbar.

[43] Disziplinarvorgesetzte haben die Möglichkeit, sich von Rechtsberatern unterstützen zu lassen, sodass die Disziplinarstrafe im Verhältnis zum Vergehen des Soldaten steht.

Nach einer Gewebeveränderung im Bein ging ich im August 2014 zum Arzt. Dieser untersuchte mich nicht, sondern sagte mir, dass ich mir das einbilden würde. Ich wurde wütend, denn die Geschwulst in meinem Bein konnte ich tasten und mittlerweile sehen. Er fragte mich: „Kann es sein, dass Sie ein Hypochonder sind?"
Zu jenem Zeitpunkt wusste ich nicht, wie krank ich in Wirklichkeit schon war, aber in diesem Fall bildete ich mir den Knoten auf dem Oberschenkel nicht ein. Ich forderte ihn auf, mich zu untersuchen oder mir eine Überweisung ins Bundeswehrkrankenhaus auszustellen. Er diskutierte mit mir und schrieb mir die Überweisung ins Krankenhaus, ohne mich zu untersuchen. In meiner Akte vermerkte der Arzt: „Sehr störend [ist die] spitze Zunge der Patientin."
Nachdem ich im Krankenhaus untersucht worden war, bekam ich einen OP-Termin und der Knoten wurde entfernt.

Vier Tage vor dem Eingriff verstarb mein Großvater. Ich kümmerte mich um meine Familie, ging zur Beerdigung, wurde operiert und fuhr am Wochenende ins Büro. Dann nahm ich mir drei Tage Urlaub – den hatte ich bitter nötig. Ich wollte nur noch weg aus meinem Horrorleben und fuhr mit einer Freundin und ihren Eltern mit der Fähre nach Oslo. Die knappe Auszeit verflog viel zu rasch, und doch tat sie mir unendlich gut.

Ich war nur kurz weg gewesen und gleichzeitig hatte sich die Situation im Dienst verschlechtert. Es wurden Vernehmungen durchgeführt, und dieses Mal wurde gegen mich ermittelt.[44] Mit mir wurde nur wenig gesprochen; was mir vorgeworfen wurde, erfuhr ich nicht. Als ich meinen Chef erneut um ein Gespräch bat, flogen mir die Vorwürfe nur so um die Ohren.
„Sie sollten sich Gedanken machen, ob Sie auf dem Dienstposten richtig sind", fuhr er mich an. Einseitig ermittelte er weiter, hielt sich nicht an Vorschriften und Gesetze und vernahm Soldaten gemeinschaftlich. Der nächsthöhere Vorgesetzte sah keinen Handlungsbedarf. Meine Argumente spielten keine Rolle und ich hatte das Gefühl, dass vor dem Gesetz nicht alle gleich sind. Ich stand allein auf weiter Flur und hatte zu

[44] In einer Unterhaltung mit dem Beauftragten für Erziehung und Ausbildung (BEA) hatte eine Vertrauensperson meiner Inspektion verlauten lassen, dass sie nicht ausreichend beachtet werde. Der BEA beauftragte daraufhin meine Vorgesetzten mit Ermittlungen. Das war für mich in Ordnung. Ich hatte ein Problem mit der gesetzeswidrigen Art der Durchführung der Vernehmungen. In meinem Eingabebescheid wurde diese als „äußerst unglücklich" bewertet. Mein Vorgesetzter wurde für sein Fehlverhalten belehrt.

diesem Zeitpunkt bereits viel Gewicht verloren. Alles schlug mir auf den Magen. Tagelang schlief ich nicht und fuhr nachts ins Büro. ‚Wenn ich nur mehr und noch gründlicher arbeite, dann werden sie erkennen, dass ich geeignet bin', dachte ich mir. Als ein Freund mir sagte, dass er das Verhalten für Mobbing hielt, lachte ich es weg. „Mobbing? Mit mir? Nie im Leben!"
Das war zu diesem Zeitpunkt für mich vollkommen inakzeptabel.

Verdrängung half mir allerdings nur kurzfristig. Einige Wochen später teilten mir meine Chefkameraden mit, dass sie sähen, wie man sich auf mich einschießen würde. Es wurde Zeit, der Realität ins Gesicht zu blicken. Und so saß ich im September mit Bauchschmerzen auf der Couch und schrieb mit einem Freund meine erste von insgesamt vier Eingaben an den Wehrbeauftragten. Entgegen meinem Plan landete ich vor meinem „Kurlaub" auf dem OP-Tisch und verlor meinen Blinddarm.

Als ich eine Woche später zur Narbenbegutachtung einer neuen Ärztin im Sanitätsbereich gegenübersaß, musste ich für sie kurz zusammenfassen, was geschehen war. Während ich mittlerweile glaubte, nicht belastbar und unfähig zu sein, fragte mich die Ärztin, ob ich suizidgefährdet sei. „Andere Menschen würden diesen Schritt an Ihrer Stelle in Erwägung ziehen, darum muss ich Sie das fragen."
Suizidgefährdet war ich nicht – ich war wütend. Und nun war ich schockiert, wie falsch ich die Situation bisher eingeschätzt und wie gut ich sie mir schöngeredet hatte.
„Bei einem Armbruch trägt man einen Gips. Bei einer Blinddarm-OP hat man hinterher Narben. Das ist von außen für jeden sichtbar und alle akzeptieren, dass man krank ist. Bei einer Depression könnten Sie sich ein Pflaster an die Stirn kleben, aber das wäre lächerlich", sagte die Ärztin und organisierte einen Vorstellungstermin in der FU6b, der Psychiatrischen Abteilung im Bundeswehrkrankenhaus.
Das waren einleuchtende Worte, aber akzeptieren wollte ich sie nicht. Ich glaubte nicht, dass ich diese Art von Krankheit haben sollte. Etwas Abstand vom Dienst würde sicher alles wieder erträglicher machen, redete ich mir ein.

Der Dienst wurde von Tag zu Tag schlimmer. Erneut ließ ich mich krankschreiben und dachte über meine Situation nach. Immer wenn mein Vorgesetzter mich während dieser Zeit auf meinem Handy anrief, nahm ich das Gespräch an, denn es hätte ja wichtig sein können. Erst als ich mich nach einem Telefonat übergab, sperrte ich die Nummer. Es

reichte. Ich konnte dort keinen Dienst mehr tun, beantragte ein Personalgespräch und fuhr nach Köln.
Mein Vorgesetzter hatte meinem Personalführer bereits ausgiebig mitgeteilt, was er von mir hielt. Dieser konnte sich das Telefonat nicht erklären, denn was über mich gesagt wurde, passte nicht zu meiner sehr guten Beurteilung, die ich vom gleichen Vorgesetzten vor meinen Eingaben bekommen hatte. Anschließend wurden mir Dienstposten angeboten, die ich überdenken sollte. Ich traf keine Entscheidung, sondern machte meinen „Kurlaub" und überdachte meine Situation.

Ich hielt mich für die mir angebotenen Dienstposten nicht geeignet. Gleichzeitig war ich wütend auf meinen Vorgesetzten. Genug war genug. „Narben zieren die Kriegerin von vorne."
Ganz in Ruhe dachte ich über die Worte des Arztes nach. Schlafen können. Ich würde erst ruhig schlafen können, wenn ich wirklich alles versucht hatte. Kampflos würde ich nicht das Schlachtfeld räumen, was in meinen Augen einer Niederlage gleichgekommen wäre. Ich entschied zu bleiben, um im Januar das Coaching mitzumachen. Ich wollte wissen, ob ich gut genug für den Dienstposten war.

Im November wurde ich im Bundeswehrkrankenhaus vorstellig. Dort gelandet zu sein war für mich das Schlimmste. Diagnose „Depression". Damit wurde ein sechswöchiger Aufenthalt in der Psychosomatischen Klinik beantragt. Die Ärztin und ich nannten es kurz und knapp „Kur", damit konnte ich besser umgehen. Um anschließend auf dem Dienstposten zu bleiben, brauchte ich einen guten Plan. Überstunden, Wochenenden, Feiertage, Urlaub, Weiterbildungsmaßnahmen. Die nächsten 15 Monate plante ich so, dass ich immer nur wenige Wochen am Stück im Büro sein musste. Dann würde es bis zum Ende gehen. Jedoch hatte ich die Rechnung ohne den Wirt gemacht. Die Weiterbildungsmaßnahmen lehnte mein Vorgesetzter allesamt ab. Das riss mich in ein noch tieferes Loch, denn diese brauchte ich, um mich auf meinen beruflichen Einstieg in der Wirtschaft nach meinem Bundeswehrleben vorzubereiten.

Statt mich krankschreiben zu lassen, zog die Kriegerin in mir nun das erste Mal ihre Rüstung an und wütete drauflos. Das Wort „Streitkräfte" bekam plötzlich eine ganz neue Bedeutung in meinem Leben. Streiten mit Kraft. Das wurde anstrengend und kostete mich viel Energie. Jeden Tag raffte ich mich aufs Neue auf, um zum Dienst zu fahren, und ich nahm mir vor, zu beweisen, was dort für ein Spiel gespielt wurde. Von meinem Vorgesetzten wurde mir sprichwörtlich die Pistole auf die Brust gesetzt.

Entweder ich würde von allein gehen oder er würde meine Versetzung beantragen. Ich legte es darauf an. Zu jeder Besprechung ging ich mit einem Pokerface und anschließend kam ich ins Büro und brach heulend zusammen. Wohin ich ging, wurden mir Steine in den Weg gelegt.

Dann kam das Coaching-Team. Mein persönlicher Coach und ein Mentor, ein Oberstleutnant und ein Oberst vom Heer bauten mich von Tag zu Tag und von Besprechung zu Besprechung wieder auf. Ich wurde von allen als sehr gute Führungskraft eingeschätzt. Am Ende der ersten Woche teilte man mir mit, dass der Fall des „Bossing", des Mobbing durch den Chef, geprüft würde. Sie führten Gespräche mit meinem Vorgesetzten.

Statt mich versetzen zu lassen, ließ dieser nun von einem Arzt meine Dienst- und Verwendungsfähigkeit überprüfen – ergo bedeutete dies die Einleitung eines Dienstunfähigkeitsverfahrens. Ich hielt das Coaching durch und traf nach langen Gesprächen eine neue Entscheidung: Weg vom Dienstposten und rein in die Klinik. Ab jetzt wollte ich alles tun, um gesund zu werden.

ABGRENZUNG

Die Uhr wurde umgestellt und ich habe sehr schlecht geschlafen. Eigentlich wollte ich mit dem dunkelhaarigen Mädchen laufen gehen, aber als ich so rausgucke, ist es mir zu dunkel und zu nass. Ich schreibe ihr eine SMS, dass ich lieber im Bett bleibe und wir später Sport machen. Nach dem Frühstück gehen wir für fast zwei Stunden ins nasskalte Wetter. Das reicht dann aber auch. Wir reden über Familie, Eltern und Geschwister. Nach dem Mittagessen gehen wir kurz in die Stadt und sind auch dort in kürzester Zeit wieder verschwunden. Ein sehr trostloser Tag. Nachher werde ich mit meiner Familie telefonieren und mir dann den Tatort ansehen. Das reicht für einen Sonntag.

Heute ist es so stürmisch draußen, dass ich am liebsten den ganzen Tag im Bett bleiben möchte. In der Gestaltungstherapie entwickeln wir ein Spiel. Das macht Spaß. Zunächst sind wir nur zu viert und dann kommt die rote Zora dazu. Ich denke mir, wenn man schon zu spät kommt, dann sollte man erst einmal ganz kleine Brötchen backen. Doch sie grätscht direkt rein und weiß alles besser. Ich bin dabei, manche Felder orange auszumalen. Das mache ich nicht ordentlich genug und sie zickt mich in einem unterirdischen Ton an. Ich höre auf zu malen, nehme mich aber zurück, weil es sich nicht lohnt, mich darüber aufzuregen. Einen Freischuss hat jeder. Bei der Auswertung sehe ich es als notwendig an, das Ganze zu thematisieren, halte es aber allgemein.

Die Therapeutin fragt mich, ob ich meine Reaktion als angemessen betrachte. Ich sage ihr, dass ich mich heute nicht in die Schiene habe pressen lassen und nicht ausgerastet sei, sondern entschieden habe, einfach nichts zu machen. Somit ist das ein für mich angemessenes Verhalten. Sie kommentiert das nicht weiter. Ich denke, die rote Zora hat es nicht verstanden und zieht sich den Schuh ohnehin nicht an.

Die Nachbereitung der Problembeichte für den Brillenmann beginnt kritisch. Er ist frustriert und wütend und erklärt, dass er es bereut, sich geöffnet zu haben, denn heute ist er wieder auf Unverständnis gestoßen. Das, was er erwartet und wovor er sich gefürchtet hat, scheint eingetreten zu sein.

Die rote Zora soll ihm gegenüber unmöglich reagiert haben. Offenbar ist sie nicht besonders feinfühlig unterwegs, sondern muss immer und überall im Mittelpunkt stehen. Sie nervt alle und sorgt mit ihrer egozentrischen Art für eine schlechte Stimmung.

Am Abend ist das Ereignis überall Programm und es wird überlegt, wie reagiert wird. Aus meiner Sicht sollte es auf der einen Seite im kleinen Kreis angesprochen werden, weil man dann eine Eskalationsstufe mehr hat. Auf der anderen Seite sehe ich die Fronten zwischen der roten Zora und dem Brillenmann so verhärtet, dass ich das nicht moderieren möchte. Dafür sind ja Therapeuten hier vor Ort. Ich entscheide mich, es mit der Therapeutin zu kommunizieren. Die anderen wollen es in der Therapie vor allen ansprechen.

Ich sehe aus dem Fenster und hoffe, dass das dunkelhaarige Mädchen das Walken absagt und ich im Bett bleiben kann. Weil sie davon absieht, stehe ich auf. Kneifen werde ich bestimmt nicht. Als wir dann draußen im Regen unterwegs sind, fühlen wir uns kalt, nass und gut. Wir reden über die angespannte Situation.
Vor der Problembeichte spreche ich bei der Therapeutin die Stimmung im Team an, weil ich so nicht entspannen kann. Sie sagt, dass ich später noch mal auf sie zukommen soll. Dies tue ich nach der Problembeichte der Negativen. Sie hat ebenfalls keine schöne Arbeitsumgebung und Vorgesetzte, die wegschauen. Nicht zu fassen, wie schlimm es in deutschen Behörden eigentlich ist.

Ich erläutere der Therapeutin, warum ich zu dem Entschluss gekommen bin, dass ein Therapeut vermitteln sollte und keiner von uns. Sie sieht das alles anders. Dies wäre eine Situation, die ich aushalten müsse. Ich ziehe mich einfach zurück, in meiner Freizeit muss ich das nicht ertragen. Das ist ja auch eine Möglichkeit. Am Ende kann man immer die Therapiesätze „Da müssen Sie sich abgrenzen“, „Das müssen Sie mal aushalten“, „Das dürfen Sie nicht so nah an sich heranlassen“ oder „Hier hätten Sie auf die Leute zugehen müssen“ anwenden – bis wieder einer weint.

Ab jetzt betrachte ich das Geschehen vom Rand aus, ganz einfache Kiste. Ich habe für mich schon gestern entschieden, dass ich heute Abend nicht mitgehe. Die Kreative findet meine Entscheidung nicht gut und möchte, dass ich unbedingt mitkomme. Ich grenze mich ab und werde den Abend für mich verbringen. Das muss sie dann eben mal aushalten.

Danach habe ich einen Termin beim Klinikleiter, der auch Oberstarzt der Reserve bei der Bundeswehr ist. Er reicht mir zur Begrüßung nicht seine Hand und sagt: „Ich gebe Ihnen nicht die Hand, aber ein freundliches Lächeln."
Na, damit kann ich gut leben, dann muss ich mir nicht dauernd die Hände waschen. Wir unterhalten uns über den Bericht aus der FU6 und er stellt fest, dass ich wohl einiges aushalten musste. Wir sprechen über meine Eingaben[45] und ich setze ihn kurz ins Bild. Er hält es für wichtig, irgendwann auch einen Abschluss zu finden. Ich teile ihm mit, dass ich keine Eingaben mehr schreiben werde. Einen Brief noch an die Verteidigungsministerin, dann schließe ich das Thema ab. Er bietet mir an, sich meine Eingaben mal durchzulesen. Darüber denke ich nach und wäge die Pros und Contras ab. Mein Bauch reagiert positiv, doch mein Kopf zweifelt und befürchtet Böses. Auf der anderen Seite bin ich hier in einer Klinik und der Bauch hatte bisher immer recht. Jedenfalls wirke ich auf ihn nicht wie ein Dickkopf. Außerdem kann er zwischen mir und einer zivilen Frau keinen Unterschied erkennen. Ich befinde mich ja auch schon lange genug hier und bin heute mal wie eine Frau angezogen, sogar mit Ohrringen und Wimperntusche. Das ist alles neu, aber es freut mich, dass meine Verkleidung[46] gut ist und die Mimikry funktioniert.

Anschließend gehe ich in die Cafeteria, spreche mit den anderen über die aktuelle Lage und teile ihnen mit, warum ich mich zurückziehe. Ab jetzt mache ich Dinge, die mir guttun, und ich werde mich morgen nach dem Werken in die Therme verkrümeln. Darauf freue ich mich jetzt schon. Ich entscheide mich dafür, die Eingaben auszudrucken und dem Klinikleiter zur Verfügung zu stellen. Schlimmer kann es ja nicht mehr werden.

[45] Meine insgesamt vier Eingaben an den Wehrbeauftragten, die ich bis zu diesem Zeitpunkt geschrieben hatte.
[46] Ich fühlte mich zu diesem Zeitpunkt mehr als Frau verkleidet denn als echte Frau. An mein neues Selbstbild gewöhnte ich mich erst im Laufe der Zeit.

DER WEHRBEAUFTRAGTE UND ICH

Der Wehrbeauftragte ist ein Ansprechpartner für alle Soldaten. Er hat das Recht auf Auskunft und Akteneinsicht und kann jederzeit alle Soldaten an den Dienststellen der Bundeswehr im In- und Ausland besuchen. Gemäß § 7 Wehrbeauftragtengesetz dürfen den Soldaten nach einer Eingabe an ihn keine dienstlichen Nachteile entstehen.[47]

Im Bericht des Wehrbeauftragten 2015 heißt es unter anderem: „Auch im Berichtsjahr wandten sich Soldatinnen an den Wehrbeauftragten mit Klagen über Mobbing. In vielen Fällen wurden in diesem Zusammenhang das Vorgesetztenverhalten und gleichzeitig sexuelle Belästigungen durch Vorgesetzte oder Kameraden gerügt. Bis auf wenige Ausnahmefälle ließen sich die Vorwürfe trotz sorgfältiger Ermittlungen nicht beweisen. Zur Entspannung der Situation in der Einheit werden vielfach die betroffenen Soldatinnen einer neuen Verwendung zugeführt. Sie empfinden ihre Versetzung verständlicherweise als ungerecht."

2016 schreibt er: „Die Mobbingvorwürfe ließen sich zwar in keinem Eingabefall nachweisen, es konnten jedoch Fehlverhalten einzelner Vorgesetzter oder Kameraden festgestellt werden. Mängel im Umgangston, zwischenmenschliche Konflikte und atmosphärische Störungen hatten zu dem Gesamteindruck der Betroffenen geführt, gemobbt zu werden."

Diese Argumentation konnte ich bereits einem meiner Eingabebescheide 2014 entnehmen. Ein Punkt wurde „als äußerst unglücklich bewertet". Manche wurden überhaupt nicht beantwortet, stattdessen wurde ich nach meinen ersten beiden Eingaben um Verständnis gebeten, dass man nicht alle Einzelheiten der vorliegenden Untersuchungsergebnisse darlegen könne. Die Bearbeitung wurde vor diesem Hintergrund abgeschlossen.

---

[47] Nach einer Eingabe schreibt das Büro des Wehrbeauftragten an die vorgesetzte Dienststelle und beauftragt diese mit Ermittlungen. Die vorgesetzte Dienststelle gibt die Ermittlungen i. d. R. an die betroffene Dienststelle ab und beauftragt den dortigen nächsthöheren Disziplinarvorgesetzten. So ergibt es sich, dass die in den Eingaben genannten Vorgesetzten Stellungnahmen abgeben. Anschließend werden diese Stellungnahmen i. d. R. zusammengefasst und weitergeleitet

An diesem Punkt hatte ich damals noch nicht abgeschlossen, sondern ging in die ausführliche Argumentation und stellte den weiteren Verlauf der „atmosphärischen Störungen“ dar. Die Bearbeitung meiner Eingabe dauerte neun Monate. Ich erhielt die Antwort, dass man bedauere, mir im Ergebnis der Überprüfung keine umfassende Aufklärung der von mir angesprochenen Sachverhalte und Fragen geben zu können. Vielmehr sah man diese als „gewisse Wiederholung der alten Vorwürfe“. Man sah „leider keine Möglichkeit“, mir behilflich zu sein, und die Bearbeitung wurde abgeschlossen.

Nachdem der Klinikleiter meine Eingaben gelesen hatte, führten wir ein langes Gespräch. Vermutlich habe ich recht mit dem, was ich dem Wehrbeauftragten schrieb. Die restliche Zeit in der Klinik solle ich dafür nutzen, zu lernen, damit umzugehen, dass mir niemand schriftlich recht geben werde, sagte der Professor. So sei das System nun mal. Ich dachte über seine Worte lange nach. Vor allem in den ersten Tagen fiel es mir sehr schwer, das Gesagte zu akzeptieren.

Irgendwann kam der Punkt, an dem ich endlich losließ. Rückblickend war dieses das beste Gespräch gewesen, denn es öffnete mir die Augen. Ich war richtig, aber in der Bundeswehr völlig falsch. Es lag an meinen Erwartungen an das System und nicht am System selbst. Mich konnte ich viel leichter verändern als die Bundeswehr. Ich blickte nicht zurück, sondern nach vorne und hatte auf einmal unendlich viel Handlungsspielraum, denn es gab noch so viel zu lernen. Plötzlich spielte es keine Rolle mehr, dass meine Eingaben nicht vollständig beantwortet worden waren. Ich akzeptierte es einfach. Befehl und Gehorsam – bisher wurde ich gelebt, doch jetzt wollte ich leben und mein Leben endlich selbst in die Hand nehmen.

ME, MYSELF AND I

Ostern. Mutti und Vati sind zu Besuch und es ist sehr schön. Wir gehen in die Therme und fahren nach Hameln. Dort machen wir eine Stadtführung, essen Eis und kaufen ein. Sogar Vati zieht, ohne zu murren, verschiedene Pullis und Hemden an. Ich habe einen positiven Einfluss auf ihn, sagt Mutti. Er kann meine Depression jetzt besser verstehen, weil er selbst eine Therapie macht. Wir stellen viele gleiche Verhaltensweisen fest.

Mutti und Vati sind gestern nach Hause gefahren. Das dunkelhaarige Mädchen ist mit ihrem Mann und einem Freund unterwegs und ich gehe mit dem Bärtigen in den Nachbarort. Dort findet ein Osterräderlauf mit Feuerwerk statt, aber so lange wollen wir nicht bleiben. Wir trinken Kaffee und er erzählt mir aus seinem Leben. Am Ende teilen wir Currywurst mit Pommes, zum Nachtisch bekommt jeder einen Crêpe mit Kinderschokolade.
Den Abend verbringe ich ganz ruhig mit einem guten Buch.

Ich lese mein Buch zu Ende. Beim Essen nerven mich nörgelnde Mitpatienten. Am Nachmittag gehen wir Eis essen und Kaffee trinken. Bisher habe ich mich hervorragend vor meiner Hausaufgabe gedrückt, aufzuschreiben, was ich täte, falls ich bis zum Ende meiner Dienstzeit krankgeschrieben wäre. Mit den Mädels darüber zu reden ist das eine, aber es aufzuschreiben ist etwas anderes. Eine Freundin hat eine sehr gute Idee: „Schreib dir doch selbst einen Brief."

Was wäre, wenn ich Zeit zur freien Verfügung hätte?
Was würde ich tun?

Kopf:

- *Ich würde mein Fernstudium zum Businesscoach beginnen und es erfolgreich abschließen. Anschließend würde ich ein Praktikum absolvieren (Plan A: beim Zentrum für Innere Führung der Bundeswehr; Plan B: bei einem zivilen Businesscoach), um erste Erfahrungen zu sammeln.*

- *Ich würde Weiterbildungskurse absolvieren, u. a. auf den Gebieten Prozessoptimierung, SAP Personal/Logistik, Optimierung der Bewerbungsunterlagen, von der Bundeswehr ins Wirtschaftsmanagement, der Weg in die Selbstständigkeit.*
- *Ich würde Unternehmerkontaktabende besuchen, um mein Netzwerk zu erweitern und interessante Menschen kennenzulernen.*
- *Ich würde ein weiteres Fernstudium auf dem Gebiet der Wirtschaftspsychologie absolvieren. Anschließend würde ich ein Praktikum in einer Unternehmensberatung machen; am besten wäre eine Unternehmensberatung, die darauf spezialisiert ist, Konkursbetriebe umzustrukturieren.*
- *Ich würde gerne Lehrgänge am Zentrum für Innere Führung der Bundeswehr besuchen, z. B. „Gesund führen" oder „Umgang mit Tod und Trauer". Diese Kurse erachte ich als sehr wichtig, da man die Inhalte aus meiner Sicht hervorragend in die zivile Wirtschaft übernehmen kann, um einen gesunden und vor allem vertrauensvollen Umgang mit seinen Mitarbeitern zu fördern.*
- *Ich würde gerne meinen KVP-Vorschlag[48] erweitern. Dann könnte das Zentrum für Innere Führung der Bundeswehr diesen schneller grafisch umsetzen. Davon würden die Soldaten profitieren, da sich alle Soldaten mit den Inhalten der Inneren Führung beschäftigen müssten.*

Körper und Geist:

- *Ich würde mich endlich im Fitnessstudio anmelden und an Kursen teilnehmen. Dort könnte ich leichter Menschen aus der Nachbarschaft kennenlernen. Außerdem könnte ich die Saunalandschaft nutzen, um mir etwas Gutes zu tun.*
- *Ich würde in Hamburg den lange geplanten Tanzkurs schon jetzt absolvieren. Dafür hatte ich bisher keine Zeit, weil ich keinen Planungshorizont hatte bzw. nach der Arbeit zu geschafft war und andere Menschen nicht ertragen konnte. Hier würde ich ebenfalls zivile Menschen kennenlernen. Außerdem macht Tanzen fröhlich.*

---

[48] Kontinuierliches Verbesserungsprogramm (KVP).

- *Die Zeit in Hamburg könnte ich auch gleichzeitig nutzen, um an der Alster einen Kaffee zu trinken und ein Buch zu lesen. Dafür hatte ich bisher nie Zeit bzw. ich habe sie mir nicht genommen.*
- *Ich würde endlich den Nähkurs besuchen, den ich bisher nicht belegen konnte, da dieser stets mit meinen Arbeitszeiten kollidierte.*
- *Ich würde endlich die Plattform meetup.com nutzen, mich überwinden und mich mit fremden Menschen im Kletterpark verabreden. Fremde Menschen habe ich privat bisher gemieden.*
- *Ich würde meinem Hobby öfter nachgehen und Möbel restaurieren.*
- *Ich würde endlich einen Gärtner suchen, der die Aufgaben in meinem Garten übernimmt, die ich nicht mag bzw. die für mich körperlich zu anstrengend sind. Ich würde nur noch die Dinge erledigen, die mich entspannen.*
- *Ich würde meine Oma ein paar Tage zu mir holen und mit ihr an die Ostsee und Nordsee fahren.*

--- Ende der Aufzeichnungen ---

Zum Ende meines Klinikaufenthaltes wurden die Aufzeichnungen immer kürzer. In der letzten Woche hatte ich mehr Freude daran, mit anderen Menschen den ganzen Tag zu verbringen. Ich war nur noch zum Schlafen auf meinem Zimmer und schrieb kein Tagebuch mehr. Meine Mütze häkelte ich nicht fertig, stattdessen warf ich sie unvollendet weg. Dass nach den sechs Wochen meine Welt wieder automatisch in Ordnung sei, war natürlich ein Trugschluss.
In der Klinik hatte ich allenfalls Starthilfe bekommen. Die eigentliche Arbeit ging erst danach los. Äußerlich war alles gleich, aber meine innere Einstellung begann sich immer schneller zu verändern. Zunehmend konnte ich klarer denken. Die Aufgabe bestand darin, zu kommunizieren, was ich wollte. Es fiel mir sehr schwer, die neu erlernten Fähigkeiten in meinen Alltag zu integrieren. An manchen Punkten war es ebenfalls schwer zu akzeptieren, dass sich mein Umfeld veränderte, wenn ich anders wurde. Mein neues Ich gefiel nicht jedem. Gleichzeitig lernte ich neue Menschen kennen und verlor andere aus den Augen, weil ich mir nicht mehr alles gefallen ließ.

ARBEITSLEBEN

Als Erstklässlerin fand ich auf dem Rückweg von der Schule einmal 50 Mark vor dem Milchladen in unserer Straße. Voller Stolz lief ich nach Hause und gab das Geld meinen Eltern. Erfreut fielen sie mir um den Hals. Ich lernte sehr früh, dass Geld gut ist, Menschen zum Lachen bringt und dass man gut darauf aufpasst. In der Schule erzählte ich niemandem von meinem Fund.

In der Grundschule war der Unterrichtsstoff keine Hürde. Da ich allerdings nicht gelernt hatte, wie man lernt, änderten sich meine Noten schlagartig, als ich aufs Gymnasium kam. Vor allem die Fremdsprachen Englisch und Latein waren nun eine Hürde. Meine Eltern konnten mir mit den Schulaufgaben nicht helfen, und doch war ihnen klar, wie wichtig eine gute Ausbildung ist. Irgendwann bekamen wir in der Schule einen Anmeldebogen für einen Schreibmaschinenkurs. ‚Eigentlich kann ich ihn gleich wegwerfen', dachte ich, war es doch sehr viel Geld fürs Tippen-Lernen. Nach dem Tod meines Onkels – er war an einem geplatzten Magengeschwür innerlich verblutet, weil er zur Arbeit anstatt zum Arzt gegangen war – erbten meine Eltern seinen Computer. So meldeten sie mich für den Kurs an. Ich übte täglich und hielt einige Wochen später mein erstes Zertifikat in der Hand.
Meine Schulnoten dagegen wurden immer schlechter. Manchmal schwänzte ich nachmittags die Schule, um eine Musiksendung im Fernsehen zu sehen. Statt mich um die Hausaufgaben zu kümmern, fuhr ich nach der Schule in die Stadt, übte Inlineskaten und lernte dabei eine coole Clique kennen. Immer wieder wurden meine Noten mit anderen verglichen, das brachte Leistungsdruck mit sich. Nach der 7. Klasse hatte ich in Englisch und Latein eine Fünf auf dem Zeugnis. Es war mir peinlich, dass ich zurück auf die Realschule gehen musste. Immerhin blieb ich nicht sitzen.

„Du bist ja sogar zu dumm fürs Gymnasium", sagte der Sohn von Freunden meiner Eltern. Das hatte gesessen.

An der neuen Schule hatte ich nach kurzer Zeit Spaß am Lernen, da mir mein Mathelehrer erklärte, wie man richtig lernt. Dann kauften meine Eltern ein Haus in einem Dorf. Ich wurde zur Streberin. Meine

Streberfreundin wohnte im Nachbarort und nach der Schule telefonierten wir manchmal. Meine Freunde aus dem Dorf gingen auf ein Internat oder besuchten in Magdeburg das Gymnasium und waren in Sportvereinen. Unter der Woche sahen wir uns nie, sondern immer nur abends am Wochenende, denn tagsüber lernten auch sie für die Schule. Manche von ihnen machten nebenbei ihren Motorradführerschein. Ich dagegen fuhr ohne Führerschein mit meiner Mutti auf dem Beifahrersitz und zerlegte ihr Auto. Wir teilten uns die Schelte meines Vaters.

Meine Eltern hatten mir schon sehr früh gesagt, dass sie mir keinen Führerschein bezahlen könnten, von einem Auto ganz zu schweigen. Ich entschied, das Geld für meinen Autoführerschein selbst zusammenzusparen. Um mich dabei zu unterstützen, besorgte mir meine Mutti meinen ersten Ferienjob. Während andere am Baggersee lagen, putzte ich mit 15 Jahren in den Sommerferien zwei Wochen lang Toiletten. Um 5:30 Uhr begann ich in Magdeburg bei einer Krankenkasse und dann ging es zur Feuerwehr. Die Arbeit war anstrengend und doch hatte ich viel Spaß mit netten Kolleginnen. So verdiente ich meine ersten 800 DM, die ich für den Führerschein zurücklegte.

Ein Jahr später hatte ich einen Ferienjob als Küchenmädchen im Krankenhaus. Diesen hatte mir mein Vati besorgt. Stundenlang hackte ich kiloweise Petersilie, wusch Geschirr ab oder zerschnitt Herzen und Nieren. Bei jedem Schnitt quietschte es, als würde man Styropor ganz langsam aneinander reiben. Das geronnene Blut zog sich aus den Adern der Innereien. Ich war über und über mit Blut beschmiert und ekelte mich so sehr, dass ich am nächsten Tag Herpes an der Lippe hatte.

Erst später erklärten mir meine Eltern, dass sie mir diese Knochenjobs besorgt hätten, damit ich erfahren würde, wie anstrengend es sei, körperlich hart für wenig Geld zu arbeiten. Ich sollte mich in der Schule anstrengen, damit ich später mein Geld mit dem Kopf verdienen konnte.

Nach der Realschule entschied ich mich gegen eine Ausbildung und für das Wirtschaftsgymnasium. Die Schule hatte doch auch viele Vorzüge. Ich wohnte kostenlos im schönen Hotel Mama, lernte ein paar Wochen und schon waren die nächsten Ferien in Sicht.
„Deine Schulkameraden machen eine Ausbildung und du gehst zur Schule. Das ist wie arbeiten gehen, und wer arbeitet, muss auch bezahlt werden“, sagten meine Eltern. Mein kleines Taschengeld konnte ich mit

guten Klassenarbeiten aufbessern, und so freute ich mich auf jede Klausurphase.

Die Schule machte mir von jetzt an mehr Spaß. Mit meinen Mitschülern konnte man Pferde stehlen und meine Ferienjobs suchte ich mir selbst. Ich arbeitete als Kellnerin in einem Eiscafé und in einem Büro als Urlaubsvertretung. Meine Schulpraktika machte ich in einer Arztpraxis und beim ZDF Landesstudio Sachsen-Anhalt. Dabei wollte ich später weder als Ärztin noch im Fernsehen arbeiten. Ich war einfach neugierig, wie es in diesen Berufen hinter den Kulissen zugeht.

Nach meinem Jahr in Amerika machte ich meine Ausbildung bei der Dresdner Bank.
„Sie wollen dich übernehmen und zur Wertpapierberaterin ausbilden. Du sitzt den ganzen Tag am Schreibtisch in einem warmen Büro, telefonierst ein bisschen und tippst ein paar Zahlen in den Computer. Du bist doch gut – wieso willst du zur Bundeswehr?“, fragten meine Eltern zunächst verständnislos. Was es heißt, für eine Bank zu arbeiten, konnten sie nicht sehen. Es bedeutete Zahlendruck und Bausparverträge an uralte Menschen zu verkaufen. Wenn ich einen Kundentermin hatte, stellte ich mir immer meine Familie vor. Ich konnte nichts verkaufen, was das wenige Ersparte dieser Leute auffressen würde.
Gleichzeitig sah ich, wie mit Mitarbeitern umgegangen wurde, die die vorgegebene Quote nicht erfüllten. Jede Woche spielte sich das gleiche Drama ab, wenn die Kolleginnen zum Filialleiter zitiert wurden. Das war nicht zum Lachen, auch nicht, wenn ich im Warmen sitzen würde. Sowieso saß ich am liebsten an der Kasse, zählte im Tresor Geld oder unterhielt mich mit den Kunden über das, was sie beschäftigte.

Durch die Ferienjobs meiner Eltern hatte ich gelernt, dass körperliche Arbeit hart ist. Bei der Bank, der Bundeswehr und im Konzern lernte ich, dass auch Kopfarbeit sehr anstrengend sein kann, wenn die Arbeit nicht zum Menschen passt.

Bisher hatte ich mir immer die Frage gestellt: Worin bin ich gut? Ordnung, Disziplin, Struktur, logisches Denken, mit Zahlen umgehen – darin bin ich gut, und gleichzeitig reichte es mir nicht mehr aus. Durch meinen Mentor lernte ich das Modell „Ikigai“ kennen und fand die Antworten schnell.
Ich stelle gerne Fragen und beobachte.

„Und was kann das noch?“, fragte ich als kleines Mädchen und war erst zufrieden, wenn die Miene meiner Mutter zu ihrer Aussage „Mehr kann das nicht“ passte und ich das Gefühl hatte, dass ich jetzt wirklich alles wusste.
Im DAX-Konzern, für den ich nach der Bundeswehr tätig war, fragte ich den Vorstandsvorsitzenden, ob er seinen Posten mal für eine Woche mit mir tauschen möchte oder ob ich ein Praktikum absolvieren könne. Ich war so neugierig, wie in einem Vorstand gearbeitet und kommuniziert wird. Welche Routinen hat so eine große Führungspersönlichkeit? Er reagierte sehr gelassen und schenkte mir zwei Stunden seiner kostbaren Zeit. Ich nahm mir Urlaub und fuhr zum Mittagessen nach Essen. Ich stellte alle meine Fragen und hörte meinem Mentor genau zu, während mein Essen kalt wurde.
„Gute Führungskräfte werden nicht bei Sonnenschein gemacht, sondern in richtig stürmischen Zeiten“, antwortete er auf die Frage, wie man eine Führungspersönlichkeit wird. Mehr sagte er nicht und es war auch nicht nötig. Ich ließ mir ein Buch von ihm empfehlen und lernte so viel in ganz kurzer Zeit. Dann fuhr ich glücklich nach Hause und bestellte mir das Buch „Die Kunst, sich selbst auszuhalten - Ein Weg zur inneren Freiheit“ von Michael Bordt. Es lohnt sich, den richtigen Menschen die richtigen Fragen zu stellen.

Meine Eltern wissen aus langjähriger Erfahrung, dass nach dem Satzanfang „Und dann habe ich mir überlegt ...“ eine neue Idee kommt. Und dann habe ich mir überlegt, wie man Menschen schnell, nachhaltig und bis in die Tiefe verändern kann. Und das ist heute das, was ich mache. Aufgrund meiner Erfahrungen habe ich meine eigenen Techniken als Psychologischer Businesscoach entwickelt, mit denen man lernen kann, wie man sein Leben glücklicher und gesünder führen kann.

KANN ICH MIR SELBST VERTRAUEN?

Meine Eltern mussten für ihre Arbeit als Köche immer sehr früh aufstehen. Die Tätigkeit an sich war schon anstrengend und zusätzlich machten sie es sich oft selbst nicht leicht. Wenn sie krank waren und ein Besuch beim Arzt angebracht gewesen wäre, gingen sie mit hängenden Schultern und erhobenen Hauptes zur Arbeit. Sie wollten sich nicht auch noch den Kollegen gegenüber schlecht fühlen.
„Wir sind wenige Leute bei der Arbeit. Wie sollen die anderen das denn schaffen? Wer soll denn sonst die Bestellung machen?"

Da konnte der Schnupfen bis hinab zu den Schuhspitzen hängen, sie gingen trotzdem zur Arbeit. Eine typische Situation, die sich, seit ich denken kann, immer wiederholte. Ich lernte ein schädliches Musterprogramm: Krank und keine Schwäche zeigen – bis zum Schluss.
Ich bin nicht sonderlich verwundert, dass ich bis zum Ende gekämpft habe. Über Krankheiten wurde in meiner Familie fast nie gesprochen. Als meine Mutti vor ein paar Jahren beim Frühstück am ersten Advent über dem Tisch zusammenbrach, dachte ich, sie hätte einen Schlaganfall. Stattdessen hatten all der Stress bei der Arbeit und die vielen Sorgen, weil ihr gekündigt worden war, einen epileptischen Anfall ausgelöst. Nach meinem Klinikaufenthalt konnte ich endlich einordnen, wie unangenehm es für sie war, über Krankheiten zu sprechen.
„So was muss man den anderen nicht in die Zähne hängen", sagten sie.
In unserer Familie musste man eben stark sein. Für Krankheiten, vor allem jene, die man nicht sah, war kein Platz.

Mein Opa sagte damals: „Seit wann schicken sie gesunde Menschen zur Kur?"
Das machte es bis zum Schluss nicht leicht, mit meiner Krankheit umzugehen. Depression sei „neumodischer Kram", denn „das gab es früher ja auch nicht".
Es wird nicht gelitten, nicht geklagt und nicht gejammert.
Seit meiner Therapie und noch mehr seit dem Suizid meines depressiven Onkels vor ein paar Jahren spreche ich mit meinen Eltern viel mehr über Gefühle, Krankheiten sowie über Verhaltens- und Denkmuster. Wir alle haben sie irgendwann erlernt. Sie laufen immer wieder gleich ab und bringen somit langfristig die gleichen Ergebnisse. Wenn sie bekannt sind,

kann man wählen, ob man sie verändern möchte. Am Anfang steht die Wahl.
In der Klinik hatte ich neue Verhaltens- und Denkmuster erarbeitet. Damit sie Bestand hatten, musste ich sie wiederholen und üben.
Der Aufenthalt in der Klinik war für mich so, als wäre ich von meiner Autobahn runtergefahren und durch eine Baustelle ausgebremst worden. Mir wurde eine Umleitung gezeigt, ein kleiner holpriger Trampelpfad – für mich war er neu und ungewohnt. Damit dieser zur neuen Autobahn werden konnte, musste ich ihn immer wieder begehen, indem ich die neuen Verhaltensweisen und Denkmuster täglich anwandte. Das war mit Anstrengungen verbunden und teilweise mit Schmerzen.

Ich wurde aus der Klinik entlassen und war noch lange nicht gesund. So schnell verschwindet eine Depression nicht. Die eigentliche Arbeit geht dann erst los. Ich musste lernen, mit einer Krankheit, die man nicht sieht, zum Arzt zu gehen. Weiterhin habe ich mich therapeutisch begleiten lassen, weil ich nicht in die alten Muster zurückfallen wollte. Mit meiner Therapeutin war es so, als würde ich mich mit einer Freundin über Probleme unterhalten – nur ohne Grillen, Kino und Schokolade. Das machte vieles einfacher.

Nach der Klinik wechselte ich den Dienstposten und die Ärzte schrieben mich immer wieder krank, damit ich gesund werden konnte. Denn auch in meiner neuen Dienststelle hatte man sich, dank meines ehemaligen Vorgesetzten, bereits ein vorgefertigtes Bild von mir gemacht. Ich wollte nur noch raus aus der Bundeswehr, und dazu brauchte ich schnellstmöglich einen passenden Arbeitgeber. Mit meiner Therapeutin reflektierte ich meine Vorstellungsgespräche. Das erste Angebot in einer Bank wollte trotz sechsstelligem Gehalt und Dienstwagen nicht zu mir passen. Geld und Status würden mich nicht glücklich und zufrieden machen, so viel wusste ich bereits. Mir war ebenfalls klar, dass ein Konzern mit der Bundeswehr vergleichbar ist, und doch unterschrieb ich dort einen Arbeitsvertrag. Die Stellenbeschreibung klang interessant, manche Kollegen kannte ich bereits von der Bundeswehr, aber so richtig überzeugt hat mich die 35-Stunden-Woche. Das klang nach so viel mehr Freiheit, denn bisher hatte ich diese Zeit allein von Montag bis Mittwoch gearbeitet.

Am 4. Dezember 2015 reichte ich mein Gesuch für eine Verkürzung meiner Dienstzeit ein. Mein Personalführer hatte aufgrund der Situation erkannt, dass es weder für mich noch für die Bundeswehr vorteilhaft wäre, mich zu zwingen, auch noch die letzten sechs Monate zu bleiben. Ich hatte alle Unterlagen vorbereitet, meine Ausrüstung gepackt und arbeitete meine Termine ab. Zum 31. Dezember 2015 wollte ich die Bundeswehr verlassen und es interessierte mich nicht mehr, ob die Administration abgeschlossen war. Ich wollte nur noch raus. Wenn die übrigen Punkte wichtig wären, würde sich schon jemand bei mir melden. Niemand meldete sich.

Bevor ich über den Jahreswechsel zum Meditieren in ein Kloster fuhr, machte ich eine Stilberatung, schnitt mir meine langen Haare ab und zog mit einer E-Mail an die Verteidigungsministerin[49] einen Schlussstrich für mich. Mein neues Leben als Zivilistin konnte beginnen.
In den ersten Wochen fühlte es sich komisch an. Ich hatte ein neues Äußeres, eine zivile Uniform, die aus schönen Kleidern, Blazern, Schmuck und Make-up bestand. Dadurch wurde mein Selbstbewusstsein gestärkt. Ich trug eine Uniform, in der ich mich wohlfühlte, und konnte sie verändern, wann immer ich es wollte.

Meine drei Kollegen waren sehr nett und ebenfalls Frühaufsteher. Sie sorgten dafür, dass die Laune im Büro gut war und ich pünktlich das Büro verließ, denn wer früh kommt, kann früh gehen. Im Winter im Hellen nach Hause zu kommen war sehr ungewohnt und ich musste mir erst einmal überlegen, was ich mit der freien Zeit anfangen würde. Also ging ich zum Sport, wurde ein Dauergast im Kino und übte alles, was ich von der Stilberaterin gelernt hatte. Ich bummelte durch die Hamburger Geschäfte und begann, mir ein neues Netzwerk aufzubauen, indem ich zu unterschiedlichen Veranstaltungen ging. Allein. Auch das war neu: Kontakt zu fremden Menschen aufnehmen. Ich übte fast jeden Tag.

Nach außen zog ich ganz selbstbewusst und erfolgreich meine neuen Verhaltensweisen durch. Die meisten Menschen lernten mich gerade erst kennen, und diejenigen, die mich aus meinem alten Leben kannten, waren irritiert. Mein neuer Chef setzte manchmal Mehrarbeit und Überstunden an, denn nur dann arbeitet man aus seiner Sicht wirklich. Er war von meiner klaren Abgrenzung nicht begeistert. Durch ihn konnte ich ganz viele neue Muster einüben und ich entwickelte mich sehr schnell,

---

[49] Im April 2016 erhielt ich eine für mich enttäuschende Antwort von einem beauftragten Referatsleiter des Ministeriums. Dieser wurde 2017 im Rahmen der Skandale um die Vorfälle in der Kaserne in Pfullendorf durch die Ministerin von seinen Aufgaben entbunden. Nach Berichterstattung der Medien war Beschwerden und Mobbingvorwürfen nicht ausreichend nachgegangen worden.

sodass es mir meistens gut ging. An trüben Tagen kämpfte ich noch immer hart gegen mich selbst und gegen schädliche Gedanken. Zur Arbeit oder zum Arzt? Manchmal siegte die Arbeit, aber wenn ich zum Arzt ging, belohnte ich mich hinterher mit einem Eis. Dabei sollte es doch normal sein, zum Arzt zu gehen, wenn man krank ist.

Nach ein paar Monaten im Konzern war ich frustriert. Mir war klar, dass mir meine eigentliche Arbeit als Training Managerin keine Freude bereiten würde. Ich konzipierte Trainings, würde aber nie das Ergebnis sehen oder selbst mit den Menschen arbeiten. Endlose Besprechungen und Arbeit auf dem Papier, meist absehbar für die Papiertonne.
„Was ist das Gute daran, für den Konzern zu arbeiten?“, fragte mein Coach.[50] Gute Frage. Die Antworten hatte ich schnell gefunden: Ich konnte meine neuen Methoden ausprobieren und verfeinern. Wenn ich nicht bei der Arbeit meine Kollegen coachte, dann tat ich es im Rahmen meiner Nebentätigkeit. Kurze Zeit später machte mir meine Arbeit im Konzern mehr Spaß und mein Einkommen war gesichert.

Die 35-Stunden-Woche in Hamburg ließ mir viel Freiraum und ich konnte mich zusätzlich meiner Weiterbildungen und meinem Studium widmen. Ich lernte nur das, was mich interessierte. Wieso sind Menschen so, wie sie sind? Welche Muster weisen sie auf? Welche Unterstützung brauchen sie, um sich zu verändern? Mich interessierte, wie eine Veränderung noch schneller ging, schließlich hatte ich BWL studiert. In einem Businessnetzwerk ließ ich mich in den Vorstand wählen und baute ein Mentoring-Programm auf. Meine Kompetenzen, die im Konzern nicht genutzt wurden, konnte ich hier auf den unterschiedlichsten Gebieten einsetzen. Dadurch kam ich mir selbst näher und anderen Menschen zu Hilfe. Denn immer wieder begegneten mir während dieser Zeit psychische Krankheiten, Mobbing und Konflikte. Ich war sehr zufrieden, wenn ich sah, dass die Menschen etwas in ihrem Leben änderten und gesünder und glücklicher lebten.

Eine ganze Weile war ich mit all den neuen Aufgaben beschäftigt und wollte nichts anderes mehr tun, als Menschen dabei zu begleiten. Ich bewarb mich innerhalb des Konzerns für andere Stellen.

---

[50] Seit dem Coaching durch das Zentrum für Innere Führung der Bundeswehr arbeite ich anlassbezogen mit verschiedenen Coaches je nach Fachthema.

Das in den Augen der Personalabteilung falsche Studium[51] und die noch immer andauernde Umstrukturierung machten mir eine Veränderung innerhalb der Firma unmöglich.

Ich verzweifelte. Mich plagten Magen- und Rückenschmerzen, eine dauerhafte Blasenentzündung, Ausweglosigkeit und Angst. Die Depression schlich sich wieder an, ganz leise und beständig wurde sie größer und letztlich saß ich im Wartezimmer meiner Hausärztin. Nie wieder sollte es mir so schlecht gehen wie damals. Meine Ärztin begleitete mich intensiv. Antibiotika halfen nicht und bei fachärztlichen Untersuchungen gab es keine Befunde. Ich war mir sicher, dass es einmal mehr mein Kopf war, der meinen Körper krank machte.

Ich weiß, dass ich Schmerzen aushalten und Gefühle ausschalten kann, aber das hatte mich schon mal in ein Krankenhaus gebracht. Meine Ärztin überwies mich sicherheitshalber zum Psychiater und ich wusste, dass nur ich an meiner Situation etwas verändern konnte. Der Termin war noch viele Wochen entfernt und ich machte mir Gedanken über meine Zukunft und über meine Werte. Gegen welchen wichtigen Wert verstieß ich wohl dieses Mal schon länger? Für einen Konzern zu arbeiten, war sehr sicher, hatte aber nichts von der Freiheit und Selbstbestimmung, die ich brauchte, um gesund zu sein. Sicherheit und Freiheit waren das Schloss und ich brauchte einen Schlüssel, um sie in die richtige Reihenfolge zu bringen. Ich hatte Existenzängste, wenn ich an eine Selbstständigkeit dachte. Erst als ich über das Zitat „Wer die Freiheit aufgibt, um Sicherheit zu gewinnen, wird am Ende beides verlieren" von Benjamin Franklin länger nachdachte, gelang es mir, die zwei in eine Reihenfolge zu bringen. Zusätzlich gaben mir meine Coaches Kraft, indem sie sagten: „Wer loslässt, hat zwei Hände frei, und das Wasser wird nicht wärmer, wenn du später springst."
Diese Worte gaben mir Kraft. In meinem Urlaub hatte ich mir bereits einen Termin bei der Personalabteilung gemacht, um über andere Veränderungsmöglichkeiten zu sprechen. Wenn Geld keine Rolle spielen würde, welche Position müsste ich dort haben, um glücklich und zufrieden zu sein?
Als ich an jenem Montag auf dem Weg ins Büro war, schien die Sonne. Bei einem Kaffee blickte ich aus meinem Bürofenster über den Hamburger

---

[51] Ich habe BWL studiert und die Fächer Wirtschaftsinformatik, Controlling und Finanzierung vertieft. Um im Personalbereich tätig sein zu können, wurde der Schwerpunkt Personal/Pädagogik vorausgesetzt. In meinem Fall erwiesen sich die Konzernstrukturen ähnlich starr wie die Strukturen der Bundeswehr.

Hafen und es traf mich hart: Es gab in dieser Firma keine Position, die ich ausüben wollte. Ich schaltete den Computer an und schrieb meine Kündigung. Das traf alle unerwartet, aber es gab nichts mehr zu bereden. Mit der Kündigung fiel eine riesige Last von meinen Schultern und kurze Zeit später waren die körperlichen Symptome verschwunden. Zurück blieb nur die Angst. Ich bereitete mich auf die Selbstständigkeit vor, doch durch mein Tun hatte ich keine Zeit mehr, an die Angst zu denken. Nach ein paar Wochen spielte ich mit dem Gedanken, meinen Termin beim Psychiater abzusagen, denn ich fühlte mich viel besser. Aber war ich wirklich gesund? Oder war das nur eine Ausrede, um nicht beim Psychiater zu sitzen? Konnte ich meinem Urteilsvermögen wirklich trauen?
Ich sagte den Termin nicht ab und stellte mich dem Gespräch. Als ich im Wartezimmer saß, sah ich einen Bilderrahmen im Fenster stehen. Er war gefüllt von so viel Wahrheit:
„Geh du vor", sagte die Seele zum Körper, „auf mich hört er nicht. Vielleicht hört er auf dich."
„Ich werde krank werden, dann wird er Zeit für dich haben", sagte der Körper zur Seele.

Ich lächelte über das Zitat von Ulrich Schaffer und dachte, dass Körper und Seele schon zwei schlaue Kameraden sind. Dann wurde ich aufgerufen und ging besorgt ins Arztzimmer. Wir unterhielten uns und er sagte, dass ich alles Notwendige von allein getan hätte. „Ich kann nichts für Sie tun. Wenn etwas sein sollte, dann rufen Sie an."

Mir fiel ein weiterer Stein vom Herzen. Ich konnte mir endlich über den Weg trauen. Sich selbst vertrauen kann man am besten, wenn man sich, seine Muster und seine Werte genau kennt. Dann ist man sich seiner selbst bewusst. ‚Selbstvertrauen und Selbstbewusstsein - beste Voraussetzungen für eine Selbstständigkeit', dachte ich.

THERAPIEZIEL ERREICHT

Ich sitze in Hamburg in meinem Büro. Mit 18 Jahren war ich das erste Mal hier allein für ein Wochenende und ich verliebte mich sofort in diese Stadt. Damals kam ich am Sonntagabend nach Hause und sagte zu meinen Eltern, dass ich dort leben werde. Jetzt sehe ich aus dem Fenster und bin stolz auf mich. Ich lebe in Freiheit, ich bin glücklich mit dem, was war, und mit dem, was ich heute mache. Der „Mann am Grill", also mein in der Klinik gemalter Lebenspartner – übrigens ein Berufssoldat –, hat mich gefunden und ich bin gesund. Früher lebte ich ein anderes Leben. Wessen Leben es auch war, es war nicht meines. Jetzt endlich bin ich in meinem Leben angekommen und ich muss niemandem etwas beweisen.

Irgendwann muss ich sterben, und das wurde bereits mit meiner Geburt entschieden. Ansonsten muss ich nichts. Ich kann. Ich darf. Ich möchte. Ich entscheide, für wen ich arbeite. Ich habe Verantwortung für mein Leben, mein Handeln und mein Denken übernommen und nur ich bestimme über meine Zeit.
Die wichtigste Frage vor dem Aufstehen lautet immer: „Möchte ich heute glücklich sein?"
Ich kenne niemanden, der sich bewusst für ein „Nein" entscheiden würde. Deshalb trage ich jeden Tag die Verantwortung dafür, dass ich zufrieden und somit glücklich bin. Achtsam innehalten, Gefühle und Gedanken überprüfen und gegebenenfalls etwas verändern. Jeden Tag aufs Neue, denn das Leben ist einfach zu kurz, um unglücklich zu sein.

In meinem früheren Leben konnte ich mich selbst nicht leiden. Wäre ich jemand anderes gewesen, hätte ich keine Zeit mit mir verbringen wollen. Das Problem war, dass ich mich von mir selbst nicht zurückziehen konnte. Ich war 24/7/365 gezwungen, Zeit mit mir zu verbringen. Schon aus diesem Grund hat es sich gelohnt, mich mit meinem eigenen Leben und meinem persönlichen Wirken auseinanderzusetzen.

Wenn Sie sich ganz ehrlich fragen, ob Sie selbst gerne mit sich befreundet wären, wie würde Ihre Antwort ausfallen? Und würden Sie gerne mit sich arbeiten wollen? Welche Eigenschaften hat die perfekte Chefin oder der optimale Kollege? Und welche davon erfüllen Sie? Wie zielstrebig, ehrlich, freundlich und loyal sind Sie – vor allem in Bezug auf Ihr eigenes Leben, Ihre Kommunikation, Ihre Träume und Wünsche?

Meine Depression ist durch viele unterschiedliche Themen und Verletzungen entstanden, die ich nicht bis zum Ende bearbeitet habe. Ich habe sie lieber in die Tasche gesteckt, erst in die Hosentasche, dann in eine kleine Handtasche. Aus der Handtasche wurde eine Reisetasche, und als diese nicht mehr reichte, kam ein großer Rollkoffer. Viele weitere Themen setzten sich wie kleine Sandkörner in die Rollen und blockierten alles. Der riesengroße, schwere Koffer kippte auf mich und alle meine unbearbeiteten emotionalen Themen rollten mir vor die Füße. Schritt für Schritt habe ich sie mit professioneller Unterstützung bearbeitet. Die großen Brocken in der Klinik, die kleinen Steine während meiner Coachings und Ausbildungen sowie das Schreiben dieses Buches halfen mir abschließend dabei, den restlichen Staub zu entfernen. Auf meinem langen Weg zu mir selbst musste ich mir immer wieder beweisen, dass ich gut genug bin. Einzelne Bausteine meiner Ausbildungen wende ich heute bei meinen Klientinnen und Klienten an, wenn diese sich entschieden haben, dass sie sich verändern möchten, um glücklicher und gesünder ihr Leben zu führen.

Jetzt habe ich Ordnung geschaffen – im Äußeren wie im Inneren. Endlich bin ich mir selbst gut genug, was auch immer kommen mag. Ich kann mit den Herausforderungen des Lebens und dem, was andere zu mir sagen, erfolgreich umgehen. Meine Neigung zur Depression ist möglicherweise genetisch begünstigt, doch ich habe sie fest im Griff, weil ich gelernt habe, sie zu erkennen und früh tätig zu werden.

Abwarten und beobachten verändert nichts. Man kommt nur auf komische Gedanken. Es ist eine Entscheidung, das eigene Leben selbst in die Hand zu nehmen und aktiv zu werden. Viel schneller geht es, wenn man sich dafür gleich zu Beginn professionelle Unterstützung holt. Dann heißt es täglich üben und trainieren, auch wenn man keine Lust hat.

Menschen, die eine Depression verstehen möchten, sollten die „Schwarzer Hund"-Bücher von Matthew Johnstone lesen. In diesen Büchern wird anhand von Hunden sehr anschaulich beschrieben, wie unterschiedlich sich eine Depression anfühlen kann und was zu tun ist. Ich sorge jetzt jeden Tag dafür, dass ich einen kleinen Pinscher spazieren führe. Das ist viel leichter, als eine Deutsche Dogge auf meiner Brust sitzen zu haben, die mich daran hindert, aufzustehen. Lieber sandige Hosentaschen als einen hübschen, umgekippten Rollkoffer.

Wir alle haben nur eine Gesundheit und nur ein Leben. Wenn wir unzufrieden sind, dann können wir es aushalten, wenn nötig bis zum Ende, oder wir verändern etwas. Wählen kann jeder selbst.
„Nur sprechenden Menschen kann geholfen werden“, sagte damals ein Kamerad zu mir. Erst später habe ich verstanden, dass diese Aussage immer gilt. Meine neue Devise lautet: „Einfach nachfragen und selbst auch mehr erzählen.“
Ich habe viele Fragen gestellt und viele Menschen haben mir immer wieder die gleichen Fragen gestellt: Wie kommt man als Frau zur Bundeswehr? Wie haben Sie das gemacht, dass Sie heute glücklich sind? Auch durch ihre Fragen entstand dieses Buch.
Wenn ich neue Klienten kennenlerne, stelle ich ihnen viele gezielte Fragen. Denn kein einziger Mensch ist so auf die Welt gekommen, wie er heute ist. Wie spricht der Mensch? Welche Ängste hat er? Was liebt er? Was mag er an sich selbst und was nicht? Welche Erfahrungen hat er gemacht, um so zu werden, wie er heute ist? Oft wissen die Klienten am Anfang nicht genau, was sie sagen sollen, oder sie trauen sich nicht aus Sorge, auf Unverständnis zu stoßen oder belächelt zu werden. Ohnmächtig, hilflos, müde, schuldig, traurig, wütend, gefangen, antriebslos, schwer, leer, erdrückt.

Manche finden keine Worte, weil sie abgestumpft sind oder gar nichts mehr fühlen. Es braucht Vertrauen, um sich zu öffnen.
„Sie denken jetzt bestimmt, dass ich eine Memme bin“, sagen manche Klienten und ich weiß, was sie über sich selbst denken. Ich bewerte nicht, sondern unterstütze den Menschen dabei, herauszufinden, wieso er oder sie sich selbst und das eigene Können so abwertet und das Belastende herunterspielt.

Es lohnt sich, Abstand zu gewinnen und sich das eigene Leben genauer anzusehen. Der falsche Arbeitgeber oder Lebenspartner, Konflikte, unbefriedigende oder keine Beziehungen zu anderen Menschen, Stress, Krankheit, Leistungsdruck, ein fremdbestimmtes Leben oder finanzielle Sorgen. „Wenn wir so darüber sprechen, weiß ich, dass ich etwas ändern müsste. Aber so schlimm ist es ja eigentlich noch nicht“, sagen manche und schieben ihre Probleme zur Seite. Es braucht Zeit, Akzeptanz und Mut und manchmal einfach noch mehr Schmerz und Leidensdruck, um zu erkennen.

„Wer Menschen führen will, muss Menschen mögen", heißt es bei der Bundeswehr. Damit sind alle Menschen gemeint und man sollte sich selbst nicht ausschließen. Es ist also jeder in gewisser Hinsicht Führungskraft, zumindest für das eigene Leben. Ich gebe Hilfe zur Selbsthilfe: Raus aus der Abhängigkeit und rein in die Unabhängigkeit. Menschen werden zur Selbstführung befähigt und lernen sich selbst kennen. Denn meine Klienten möchten (bessere) Führungspersönlichkeiten werden.

Bei der Arbeit an sich selbst und mit anderen Menschen ist Fingerspitzengefühl gefragt. Ich selbst arbeite mit der 4-H-Methode – mit Hirn, Herz, Härte und Humor. Die Mischung macht's. Wer sich selbst und sein inneres Team gut führt, behandelt in der Regel auch seine Teammitglieder entsprechend. Früher oder später arbeite ich mit meinen Klienten auch an einer gesunden Basis – einem selbstbestimmten Ich. Gemeinsam mit ihnen verändere ich im Innen hinderliche Überzeugungen und Denkprozesse. Im Außen verändern sich damit ihre Verhaltensmuster.
Alle Methoden, die ich heute verwende, habe ich erfolgreich an mir selbst getestet. Aus meinen eigenen Erfahrungen, die nicht immer angenehm waren, habe ich Stärken entwickelt: meine persönliche Superpower. Ansonsten habe ich noch viele weitere Stärken, manche davon sind nur noch nicht so stark ausgeprägt. Das klingt besser als „meine Schwächen". Es gibt immer etwas zu lernen und zu verbessern, und so darf meine Persönlichkeit jeden Tag ein Stück wachsen.

Zu meinen weniger gut ausgeprägten Stärken gehört übrigens die Geduld. Gib mir Geduld, aber zackig. Dieses Buch hätte nämlich schon vor Monaten fertig sein sollen, wenn es nach mir gegangen wäre. Doch ein Teil von mir, mein inneres Team, brauchte für den schriftlichen Aufarbeitungsprozess mehr Zeit. Und hier ist es nun: mein Buch mit meiner Geschichte – möge es Sie inspirieren, Veränderung als Chance zu begreifen.

Ich wünsche Ihnen von Herzen alles Gute.

Ihre Marion Glück

MARION GLÜCK

Nach ihrer erfolgreichen Ausbildung zur Bankkauffrau beschloss Marion Glück Marineoffizier zu werden. Während ihrer militärischen Laufbahn erlernte sie bereits als Matrose von der Pike auf die Führungstheorie, um anschließend praktische Erfahrungen auf unterschiedlichen Hierarchieebenen im nationalen und internationalen Umfeld zu sammeln. Im Rahmen ihrer Ausbildung schloss sie das Studium der Betriebswirtschaftslehre als Diplombetriebswirtin ab. Maßgeblich geprägt wurde sie durch ihre beruflichen Aufenthalte in England, Australien, Indien und Amerika. Nach ihrem Ausscheiden aus der Bundeswehr und ihrer eigenen Therapie sammelte sie zunächst als Training Managerin in einem DAX-30-Konzern weitere Erfahrungen und engagierte sich im internationalen Netzwerk WISTA (Women's International Shipping and Trading Association). Dort entwickelte Marion Glück eigenverantwortlich als Vorstandsmitglied von WISTA Deutschland das Mentoring-Programm für Frauen und leitete das Projekt bis zum Jahr 2019.

Um ihre Klientinnen und Klienten individuell und bestmöglich weiterzuentwickeln, hat sie neben der Ausbildung zum Systemischen Business Coach (University of Applied Sciences) eine Ausbildung als Familien- und Wirtschaftsmediatorin (University of Applied Sciences) abgeschlossen. Sie ist zertifizierte Entspannungstrainerin, Psychiologische Beraterin und hat eine Ausbildung zur Heilpraktikerin für Psychotherapie absolviert. Marion Glück ist Hypnosecoach (nach Erickson), lizensierter Business Practitioner und Master Practitioner in NLP (neurolinguistische Programmierung).

Printed in Poland
by Amazon Fulfillment
Poland Sp. z o.o., Wrocław

59432737R00096